U0459395

故事里的
中国历史

Gushi li de Zhongguo Lishi

路樊 编著

宋、元

民主与建设出版社
·北京·

图书在版编目（CIP）数据

故事里的中国历史 . 8, 宋、元 / 路樊编著 . -- 北
京 : 民主与建设出版社，2022.12
ISBN 978-7-5139-4029-0

Ⅰ . ①故… Ⅱ . ①路… Ⅲ . ①中国历史—宋元时期—
青少年读物 Ⅳ . ① K209

中国版本图书馆 CIP 数据核字（2022）第 212695 号

故事里的中国历史·宋、元
GUSHI LI DE ZHONGGUO LISHI SONG YUAN

编　　著	路　樊	
责任编辑	郝　平	
封面设计	书心瞬意	
出版发行	民主与建设出版社有限责任公司	
电　　话	（010）59417747　59419778	
社　　址	北京市海淀区西三环中路 10 号望海楼 E 座 7 层	
邮　　编	100142	
印　　刷	唐山楠萍印务有限公司	
版　　次	2022 年 12 月第 1 版	
印　　次	2023 年 2 月第 1 次印刷	
开　　本	880 毫米 × 1230 毫米　　1/32	
印　　张	5	
字　　数	75 千字	
书　　号	ISBN 978-7-5139-4029-0	
定　　价	358.00 元（全 10 册）	

注 : 如有印、装质量问题，请与出版社联系。

目录
Contents

第1章　开国皇帝会"演戏"

第2章 为地盘，宋辽大打出手

第3章 宋夏开始了拉锯战

第6章　岳飞抗金，秦桧祸宋

第7章　不断挣扎的南宋王朝

第8章 繁华一梦终有尽

第9章 宋朝繁荣的科技文化

第10章 元朝的那些事儿

宋、元

公元 960 年—公元 1368 年

宋元历程

陈桥兵变

公元 960 年，后周大将赵匡胤的部下在陈桥驿发生哗变，拥立赵匡胤为帝，史称"陈桥兵变"。

澶渊之盟

公元 1005 年，北宋在澶渊之战中打败辽国，宋辽两国正式缔结盟约，故史称"澶渊之盟"。

王安石变法

公元 1069 年，宋神宗正式任用王安石为参知政事，推行新法，又称"熙宁变法"。

靖康之变

公元 1127 年，金军攻破北宋都城东京（今河南开封），俘虏了宋徽宗、宋钦宗父子等，北宋彻底灭亡。这就是"靖康之变"。

南宋开国

公元 1127 年，靖康之变后，宋徽宗第九子康王赵构，在南京应天府（今河南商丘）称帝，延续宋统，国号"宋"，史称南宋。

绍兴和议

公元 1141 年，南宋与金国双方达成和约，结束了长达十余年的战争状态。

联蒙灭金

公元 1234 年，金朝政权在蒙古和南宋的联合夹击之下终告灭亡，结束了宋金长达 100 余年的对峙。

忽必烈灭宋

公元 1268 年，元世祖忽必烈发起元灭宋之战。1278 年元军在崖山海战攻灭南宋海军，陆秀夫背着幼主赵昺投海而死，南宋灭亡。

宋元历程

第**1**章

开国皇帝会"演戏"

有言在先

公元960年，后周大将赵匡胤一早醒来，就摊上了好事。众将士强行将黄袍披在他的身上，他半推半就地"被迫"当了皇帝，不得不说，赵匡胤和属下的演技足够炸裂。没有拼死沙场，没有喋血宫门，赵匡胤摇身变成了皇帝，创立了大宋国，也创造了"不流血而建立一个大王朝的千古奇迹"。卧榻之侧，岂容他人鼾睡？为统一中国，赵匡胤发动了对后蜀、南汉、南唐、吴越和北汉等割据政权的战争，冒死拼杀中，为子孙后代打下了丰厚的家底。

一觉醒来当皇帝

故事主角：赵匡胤

故事配角：柴宗训、赵普、赵匡义等

发生时间：公元 959 年—公元 960 年

故事起因：后周世宗柴荣驾崩，此时的赵匡胤掌握了后周军权

故事结局：在陈桥兵变中，赵匡胤被手下拥立为皇帝，正式建立宋朝

公元 959 年，后周世宗柴荣死了，留下了孤儿寡母和庞大的帝国。周世宗死后，他年仅七岁的儿子柴宗训做了皇帝。此时的赵匡胤（yìn），已是后周举足轻重的人物，是殿前都点检。而这时候，京城流传着赵匡胤要做皇帝的传言，似乎是为他当皇帝提前造势。

公元 960 年，后周接到边境的紧急战报：北汉国主和辽国联合出兵，攻打后周边境。赵匡胤立刻调兵遣将，带大军从东京出发。到了夜晚，部队也没有走出很远，就在陈桥驿安营扎寨，这时离京城不过 20 里路，一点也不像去打仗的架势。

当天晚上，一些将领们议论纷纷，有人说："现在皇帝还小，即使我们战死，他也不知道，不如推我们的大将军为天子，大家可享荣华富贵。"他们还到军营四处游说，一时间军中一片哗然，拥立赵匡胤当皇帝的呼声高涨起来。

在弟弟赵匡义和掌书记赵普的策划下，天快亮的时候，叫喊着的军士们逼近赵匡胤休息的营帐。赵匡胤被吵醒了，他刚走出营帐，将士们就齐刷刷地跪下，并齐声高呼："万岁，万岁，万万岁！"一些人手里还拿着武器，一齐叫喊："愿奉点检当天子！"

赵匡胤见到这阵仗，连忙推辞，这时早有人从背后给赵匡胤披上了黄龙袍，所有在场的人都跪倒在地上，高喊着"万岁"，向赵匡胤叩拜。其实，这不过是赵匡胤导演的一出夺位剧而已。

随即，赵匡胤率大军掉转马头，直奔东京城，逼迫周恭帝柴宗训退位。接着，赵匡胤不费一兵一卒，就登上了皇位，把国号改为宋，并以东京为京城，诏告天下人宋朝的建立。

一顿酒，搞定一群将军

故事主角：宋太祖

故事配角：赵普、石守信、高怀德、王审琦等

发生时间：公元 961 年

故事起因：为避免下属叛乱，宋太祖以酒宴方式，要将领们交出兵权

故事结局：将领们主动放弃兵权，宋太祖将兵权牢牢抓在自己手里

北宋初年，接连发生了武将起兵造反的事。虽然谋反者后来均被清剿，但宋太祖赵匡胤并不开心，他觉得武将们的权力太大，迟早是威胁。

一天，宋太祖召见宰相赵普，问道："从唐朝末年开始，战争频繁不休，这是什么原因？朕想使国家长治久安，如何才能做到？"

赵普回答："天下之所以混乱，就是藩镇的权力太

大了。"赵普还给宋太祖指出了一条路：削弱兵权、制约钱谷、收敛精兵、消除所有人的妄想，天下自然太平。听了赵普的话，宋太祖恍然大悟。

公元 961 年 7 月的某个夜晚，宋太祖请石守信等禁军高级将领喝酒，喝到高兴处，他开始大吐苦水，说自己很不快乐。众人忙追问是怎么回事，宋太祖说："我这个皇帝位，谁不想要呢？"

众人一听，吓得直哆嗦，连忙伏地请罪。一些大臣说："现在天下已平定，谁还敢有异心。"

宋太祖说："你们虽无异心，如果哪天你的部下把黄袍加在你的身上，到时候恐怕也身不由己了。"将领们都惊恐地哭了起来，恳请宋太祖指条明路。

宋太祖说道："人生在世，要得到富贵的人，不过是想多聚金钱，多多娱乐，使子孙后代免于贫困。你们不如放弃兵权，到地方去，多买些良田美宅，为子孙立长远产业，也给自己一个好的晚年。"话说到这份上了，众将领瞬间秒懂，不断感谢皇帝恩德。

第二天，众将领纷纷称病辞职。都城禁军里的高级将领们一夜之间都被革去官职，这些将领包括石守信、高怀德、王审琦等。这些威震四方的开国将领，一夜之间，兵权都没了。

　　宋太祖信守承诺，封了这些人新的官职，还给了他们很多钱财，派他们到地方"养老"去了。此时宋太祖如释重负，将领们也拱手相庆。这就是"杯酒释兵权"。

李煜——身不由己的悲情国君

故事主角：李煜

故事配角：宋太祖、李从善、梁迥、赵光义等

发生时间：公元 961 年—公元 978 年

故事起因：宋太祖想借召见李煜进京的机会，灭了南唐，李煜不上当

故事结局：宋太祖派水、陆两军攻打南唐，南唐灭亡

　　李煜（yù）是南唐最后一位国君。北宋刚刚成立时，李煜就上书示好，称愿意向北宋称臣，并缴纳**岁贡**（古代诸侯或属国每年向朝廷进献礼品）。宋太祖觉得李煜很识时务，就答应了他的请求。

　　公元 971 年，宋太祖灭了南汉。看邻居被灭了，李煜非常害怕，立即去除国号，改称"江南国主"，还派弟弟郑王李从善向北宋朝贡。南唐暂时是安全了，但李从善却成了人质。李煜多次请求放人，宋太祖根本不松口，

李煜只能生闷气。

对宋太祖而言，灭南唐，只是时间的问题，而不是灭不灭的问题。但如何才能不费劲就灭了南唐呢？宋太祖想到了请君入瓮。

宋太祖派人出使南唐，以祭天为由，要李煜入京。李煜也不傻，岂能主动送上门？李煜说自己生病了，去不了。

宋太祖见李煜不上钩，气愤地说："你不来，我偏叫你来！"于是又派梁迥（jiǒng）出使南唐，命令李煜必须进京。

李煜是一国之主，但也是一个词人，干脆耍起了文

人的酸脾气。他回复说："我本想真心侍奉大朝（北宋），希望得以保全我的祖宗家业，却想不到竟这样逼我。事已至此，让我死在您面前得了。"

　　见李煜如此"不识抬举"，宋太祖怒火中烧，当即

决定给南唐国主来点"硬货"。公元 974 年，宋太祖派十万大军分水、陆两路攻打南唐。宋军到了长江边，马上用竹筏和大船赶造浮桥。

南唐君臣得知消息，李煜问大臣们该怎么办。大臣说："从古至今，没听说搭浮桥过江的，不必理会！"李煜边笑边说："我早说过，这不过是小孩子的把戏罢了。"

几天后，宋军搭好浮桥，跨过了长江。南唐的守将抵挡不住，败的败、降的降。十万宋军转瞬间就打到了金陵（南京的古称，也是南唐的都城）城边。

李煜连忙调动驻守长江的 15 万大军来救。结果，半路上遭到宋军的两路夹攻，南唐的军队全军覆没。一看形势不对，李煜只能心不甘、情不愿地向宋军投降。

公元 976 年正月，李后主从江南被押到了开封，从此过起了囚徒的炼狱生活。两年后，宋太宗赵光义将他毒死。

赵匡胤：我的爱好是"拔牙"

故事主角： 宋太祖

故事配角： 赵普、张蔼、雷德骧等

发生时间： 不详

故事起因： 赵匡胤当皇帝后，每天都把玩一个小玉斧

故事结局： 个别大臣惹怒了宋太祖，宋太祖就用玉斧将臣子的门牙敲掉

    北宋开国皇帝赵匡胤性情豁达，但也是个暴脾气，有时候能动手，绝不动嘴。因为他的臭脾气，很多大臣的门牙就遭了殃。

    宋太祖闯江湖的时候，一根盘龙棍打遍天下无敌手，他也成为古代皇帝中很具战斗力的人。但当了皇帝后，宋太祖就不能每天携带兵器了，可是手痒咋办呢？为了寻找存在感，宋太祖只好弄了一把小玉斧每天把玩。久而久之，这玉斧便成了专治各种不服的"利器"。

有一次，宋太祖在后花园打鸟，臣子张蔼（ǎi）火急火燎地求见，宋太祖以为出了大事，但听完张蔼的汇报，才知只是鸡毛蒜皮的小事，宋太祖的火气"噌"的一下上来了，当即呵斥了他一顿。

张蔼耿直地说："臣以为，任何小事都要重于打鸟。"这时，宋太祖再也忍不住了，一斧子敲掉了张蔼的两颗门牙。张蔼咽下一口血水，不紧不慢地捡起门牙揣进了怀里，不气也不恼。

宋太祖有些心虚，反问道："你想留着门牙当物证，告我的状吗？天下都是我的，你上哪儿告？"张蔼答道："臣自然不能告您，但史官会记下此事。"宋太祖哑口无言，赶忙说道歉的话。

赵普是北宋当时的二号人物，很多官员都巴结他。但这些官员依靠赵普的庇护，开始明目张胆地做违法的事。大理寺官员雷德骧（xiāng）是个好法官。面对这些违法之徒，雷德骧很生气，不等侍从通报，就闯入殿中告**御状**（向帝王告的状）。

宋太祖对他的莽撞很不满，生气地骂道："煮饭的铁锅都有耳朵，你的耳朵哪儿去了？不知道赵普是我的左膀右臂？在这儿瞎搅和什么！"宋太祖拿起玉斧，敲掉了雷德骧的门牙，还说要将他处以极刑。

不过，宋太祖很快意识到自己太暴躁了，就免了雷德骧的死罪，只是以擅闯皇帝"办公场所"的罪名将其贬官。

太祖死得很蹊跷

故事主角：宋太祖

故事配角：道士、赵光义等

发生时间：公元 976 年

故事起因：宋太祖在夜晚召晋王赵光义喝酒议事

故事结局：宋太祖暴毙，赵光义登上了皇位，宋太祖之死成谜

公元 976 年，一个惊天的消息从开封城传出：宋太祖赵匡胤暴毙！人们纷纷不解，宋太祖刚刚 50 岁，而且身强体壮，怎么就突然死了呢？

宋太祖一死，弟弟赵光义竟然继承了皇位，这又是什么逻辑？按照历朝历代的祖训，皇位一般都会传给嫡（dí）长子，所以这蹊跷的传位也让人产生各种猜测。关于宋太祖的死，人们都喜欢用"斧声烛影"来描绘这一事件。

据说当赵匡胤和赵光义都是平民的时候，有一个道士准确地预测出了赵匡胤成为九五之尊的日期。因此，赵匡胤把这个道士奉为神人。

赵匡胤当皇帝后，道士就不见了，直到他临死前，道士才又出现。宋太祖很高兴，就告诉他，自己一直找他，想问问自己能活多久。

道士说："如果在今年癸丑夜，天气晴朗，你就能再活 12 年，如果天气很差，你就必死。"

到了这天，宋太祖在皇宫里遥望天空，天气晴朗，星星闪烁，但是突然间天色骤变，大雪从天而降。这时，宋太祖召来弟弟赵光义，两人在宫中喝起酒来。守在外面的人，隔着窗户看到赵光义不时离席后退。三更的时候，两人走了出来，大家都看见宋太祖拿着玉斧戳（chuō）雪，然后跟赵光义说："好好做，好好做。"

然后，宋太祖独自回到寝宫睡觉，鼾（hān）声（熟睡时粗重的鼻息声）震天。到五更的时候，宋太祖就死了。当天晚上，赵光义一直在皇宫中，并在哥哥的灵柩（jiù；装着尸体的棺材）前即位称帝。

但人们更多地认为，赵光义惹怒了宋太祖，宋太祖本想甩出斧子吓唬一下他，不想被他给砍死了。

无论是死于疾患，还是死于兄弟之手，宋太祖的突然离去，给北宋带来了深重的影响，带来了国运、朝纲的重大改变。

知识补给站

杨家将是确有其事吗？

千百年来，杨家将的故事口口相传，妇孺皆知。后世还有《杨家将》《杨家府演义》等小说对杨家将的英雄传奇进行颂扬。历史上的杨家将是真实存在的，杨家将不仅指北宋名将杨继业、杨延昭、杨文广三代，还有佘太君、穆桂英等杨家女将。杨家整整五代人都是北宋忠心耿耿、抗击外敌的英雄。

中国最早的纸币是什么？

交子是中国最早的纸币，也是世界上最早使用的纸币。北宋初年，四川使用铁钱，1000个铁钱重25斤，买1匹绢需要90斤到上百斤的钱，流通很不方便。于是，商人发行一种纸币，命名为交子，代替铁钱流通。

第 **2** 章
为地盘，宋辽大打出手

有言在先

　　赵光义（宋太宗）当了皇帝后，吞掉了北汉。在胜利的氛围中，宋太宗便把手伸向了燕云十六州，哪承想偷鸡不成蚀把米，被辽国打得惨不忍睹，坐着驴车狂奔南逃。自此，宋辽算是结下了仇。在这之后，宋辽之间为了地盘，开始大打出手，而北宋更多地扮演了"失败者"的角色。

　　宋真宗即位后，还没有老爹宋太宗硬气，好不容易在澶渊之战中打了大胜仗，却自降身价，拱手求和，签订了屈辱的和约，办了一件窝囊事。

 故事万花筒

坐驴车狂奔的宋太宗

故事主角：宋太宗

故事配角：辽景宗耶律贤、耶律沙、耶律休哥、杨业等

发生时间：公元 979 年

故事起因：宋太宗不顾宋军疲惫，强行出击辽国，想收复
燕云十六州

故事结局：宋军在"高梁河之战"中惨败，元气大伤

公元 979 年，宋太宗在平定北汉后，就想趁热一举
收复燕云十六州。然而，剃头挑子一头热，宋军将士并
不买账，此时的他们已疲惫不堪，无心再战。

宋太宗率领宋军一路北征。刚开始，宋军进展很顺
利，将辽军的几个军事重地陆续收入囊中，来了个开门
红。紧接着，信心爆棚的宋太宗下令围城进攻，数十万
大军把幽州（今河北北部及辽宁一带）城围困起来。宋
太宗觉得，只要攻破了燕云十六州的幽州，就能够迅速

平定剩下的十五州——小算盘打得很响。

宋军四面围攻，但幽州城池坚固，宋军一波又一波强攻，都没效果，军心就渐渐松懈了。

辽景宗听说幽州被围，急忙派丞相耶律沙率军救援。宋军也不知道对方来了多少人马，众说纷纭，开始渐渐害怕起来。这样一来，战事未开，宋军就先没了后劲。

耶律沙带领部队与宋军在高粱河畔正式交锋。两兵相交，耶律沙力战不支而败退，宋军乘胜追击。然而，此时的宋军早已疲惫，从中午到傍晚只追了十余里。

到了晚上，耶律休哥率辽军突然赶到。宋军对此毫无防备，加上夜深看不清敌方虚实，而耶律休哥的部队每人举两只火炬，虚张声势，着实把宋军吓得够呛。宋军只得停止追击，准备进行硬碰硬的正面对攻战。但在多路辽军的攻击下，宋军还是吃了大亏，被打得落花流水。就连宋太宗也身中流箭，连人带马掉进了泥坑。

在此危难之际，大将军杨业正巧带着运粮部队赶到前线，在乱军中解救了宋太宗，并掩护其撤退。狼狈不堪的宋太宗，一路坐着驴车狂奔。

宋军遭受惨败，收复的失地，也被辽军夺了回去。自此，宋国与辽国开始了多年的攻伐战。

绝食而死的杨将军

故事主角： 杨业

故事配角： 宋太宗、潘美、曹彬、耶律休哥、王侁、耶律斜轸等

发生时间： 公元 986 年

故事起因： 趁辽国新君初立之机，宋太宗派 30 万大军分三路伐辽

故事结局： 监军王侁和主帅潘美指挥失误，杨业孤军奋战，宁死不降

公元 982 年，辽景宗耶律贤死了，年仅 12 岁的长子耶律隆绪（辽圣宗）即位，皇太后萧绰（chuò）正式临朝执政。一看孤儿寡母执政，宋太宗有些异想天开，觉得复仇的机会到了。

公元 986 年，北宋派出 30 万大军分三路进攻辽国。西路军由潘（pān）美、杨业率领；中路军由田重（chóng）进率领，策应东西两路人马；东路军由曹彬（bīn）率领。

刚开始，宋军打得很顺利，曹彬带领东路军连续打胜仗，还把涿（zhuō）州围住了。

因兵力不足，辽将耶律休哥采取了游击战，把曹彬的粮草一把火给烧了。此时昏了头的曹彬，不顾宋太宗的命令，以疲惫之军主动进攻辽军，结果在岐（qí）沟关被辽军全面击溃。

曹彬这一败，还引起了连锁反应。由于失去战略支撑，导致北宋中路军不战而溃，只有西路军战果累累。此时的辽国，抽出十万精兵全力向西路军占领的寰（huán）州集结。

杨业向潘美建议绕道而行，避其精锐，在途中布下埋伏，保证宋军和百姓都能安全撤回宋境。但监军王侁（shēn）却一百个不愿意，主张直接迎敌。

杨业说："不行，这样一定会吃败仗。"王侁讥笑杨业胆小，讽刺他说："你既然是无敌将军，又领兵数万，现在却只想逃跑，难道是要投敌？"

杨业很是愤怒，说道："我不是怕死，也不会投敌，只是时机对我们不利，我不想让士兵白白丧命。既然你们执意要打，我愿意出战。"临行前，杨业让潘美在陈家谷埋伏弓箭手，等他转战这里，就可两面夹击，转败为胜。潘美当场答应。

杨业立即率兵北上，主动进攻辽军。潘美等人在陈家谷口率兵接应，但是从凌晨等到上午，也不见杨业及其军队踪影。潘美等人认为辽军败走了，就领兵离开了谷口。

在杨业孤军深入之时，辽国大将耶律斜轸（zhěn）假装败退，将杨业引到狼牙村，然后伏兵四起，包围了杨业。杨业率部下浴血奋战，直到坚持不住，才边战边退，将耶律斜轸引向陈家谷。最要命的是，等杨业带领余部来到谷口时，却没有看到援军。

杨业和剩下的百余名将士拼死力战，儿子杨延玉战死，将士们无一生还。杨业身负数十处伤，手刃辽军数百，最终因重伤被俘。被擒获的杨业宁死不屈，绝食三日而死。

宋真宗：我要花钱买和平

故事主角：宋真宗、寇准

故事配角：萧太后、辽圣宗、高琼、张瑰、萧挞凛、曹利用等

发生时间：公元1004年

故事起因：辽国萧太后与辽圣宗率20万大军进攻宋朝，直抵澶渊

故事结局：在宰相寇准的主张下，宋真宗御驾亲征。宋军在澶渊大败辽军，但宋真宗却与辽军签订了屈辱的停战和约

公元1004年，辽国萧太后与辽圣宗亲率20万大军南下进攻宋朝。辽军一路攻城略地，直抵澶渊（chán yuān；今河南濮阳），离北宋都城东京只有一河之隔。

一听辽军近在眼前，北宋朝野一片惊恐混乱，大臣们为是战还是降争得面红耳赤。宋真宗胆小，在几个逃跑派的怂恿（sǒng yǒng；从旁劝说鼓动别人去做某事）

下，想撒腿跑路。这时，宰相寇（kòu）准直接把宋真宗推到了前线——力请宋真宗御驾亲征。提议一出，宋真宗只感到后背发凉。

寇准对宋真宗说："现在只有陛下亲自出征，才能长我军士气，灭敌人威风，我们一定能打败强敌！"

宋真宗觉得寇准"疯"了，因为害怕，他就想回皇宫躲起来。寇准郑重地说："您这一走，国家的事没人决断，不是坏了大事吗？请您三思！"在寇准、高琼（qióng）等的坚持下，宋真宗只能硬着头皮，答应动身到澶州去。

宋真宗登上澶州北城门楼，将士军心大振。此时，辽军三面围城，宋军就在要害处设置弩（nǔ）箭。当辽军攻打澶州城的时候，宋军拼死抵抗，威虎军头张瑰（guī）眼疾手快，一箭射死了辽军统帅萧挞凛（tà lǐn）。辽军见主帅阵亡，立刻溃散逃跑。

萧太后得知噩耗，心痛不已，也开始害怕起宋军来，而宋真宗率领的部队也马上来到城下，萧太后只得求和。

寇准坚决反对议和。但宋真宗一心想求和，他派使者曹利用去谈判，还说即使每年赔款 100 万两白银也要答应辽国的要求。

寇准听了很痛心，便在曹利用离开行营前，抓着他的手说："赔款数目不能超过 30 万两白银，否则，我要你的脑袋！"曹利用只好答应。

经过几次讨价还价，宋辽双方达成协议：宋辽约为兄弟之国，宋帝尊辽萧太后为叔母，辽主称宋帝为兄；宋国每年交给辽国绢 20 万匹、银 10 万两等。因议和地点在澶州城下，故称"澶渊之盟"。

赔款一百万吧！

我们最多出十万两银子。

醒木一响，评书开场！
品茶听书，为你讲述有滋有味的宋元传奇；
真真假假，权且当茶余饭后的谈资……
今天，我要给大家讲的是——曹国舅的传说！

曹国舅的传说

宋朝有一位皇后的弟弟，原本名叫曹景休，别人都尊称他为国舅。曹国舅谦和有礼，待人亲切，平日里爱读道家的书籍，老百姓也都十分爱戴他。但曹国舅有个弟弟，被称为二国舅，却**飞扬跋扈**（fēi yáng bá hù；多形容骄横放肆，目中无人），凶恶狠毒，为非作歹。

有一次，曹国舅出门办事，遇到几个哭得很伤心的百姓。他一问之下，才知道是自己的弟弟强占了人家的田产，不但不给钱，还派人打了他们一顿。

曹国舅一听，非常气愤，回去便责问弟弟是不是有这么回事。没想到弟弟不但不承认错误，还说没什么大不了的。

曹国舅的弟弟总是仗势欺人，最后还把曹国舅视为仇人。为了谋夺家财，曹国舅的弟弟甚至设计想要杀死自己的哥哥。

躲过劫难的曹国舅，恐再遭谋害，也担心受到弟弟牵连，便散尽家财，周济穷苦之人，身着道服，云游四方。

多年后的一天，他正在深山中静心修炼，忽然有两个人来到他的面前。其中一人问道："你在修炼什么？"曹国舅回答："修炼道。"那人微微一笑，又问道："道在哪里？"曹国舅用手指了指天。那人又问："那天又在哪里？"曹国舅指了指自己的心。这两个人就是汉钟离和吕洞宾。没过多久，曹国舅便得道成仙，成为八仙之一。

知识补给站

古代皇帝为何选择在泰山封禅？

古人认为群山中泰山最高，为"天下第一山"，因此人间的帝王应到最高的泰山去祭过天帝，才算受命于天。在泰山上筑土为坛祭天，报天之功，称封；在泰山下的小山上辟场祭地，报地之功，称禅。这是古代帝王的最高大典，而且只有改朝换代、江山易主，或者在久乱之后天下太平，才可以封禅天地。

辽五京指的是哪里？

为巩固疆土，加强统治，辽国相继修建了上京临潢府（今内蒙古赤峰）、东京辽阳府（今辽宁辽阳）、南京析津府（今北京）、中京大定府（今内蒙古宁城）、西京大同府（今山西大同），统称为"辽五京"。

第3章

宋夏开始了拉锯战

有言在先

　　党项族首领李元昊，生来桀骜不驯，有大谋，有大勇，是个文武全才。孤高自傲的他，从来不把北宋放在眼里。当安分守己的老父亲一死，李元昊就与北宋撕破了脸。

　　公元1038年，李元昊自立为帝，建立了西夏。自此，这个战争狂人开始频频对北宋下死手。而曾经的老大哥北宋，怎能忍受李元昊的如此挑衅，双方便开始了你争我夺的拉锯战。

野性十足的小王子

故事主角：李元昊

故事配角：宋真宗、李德明、曹玮等

发生时间：公元 1004 年—公元 1038 年

故事起因：少年时代的李元昊，不断唆使父亲李德明与北宋决裂

故事结局：李德明死后，李元昊正式称帝，国号大夏，正式脱离北宋

宋真宗时，西北的党项族经常搞摩擦。为了息事宁人，宋真宗封党项族首领李继迁为夏州刺史。公元 1004 年，李继迁死后，他的儿子李德明继承了父亲的头衔。李德明对宋朝很是友好，宋真宗一高兴，又封李德明为西平王，还送去大批银、绢，以示安抚。

李德明有个儿子叫李元昊（hào），他从小就是一个硬茬子，而且很有野心和谋略。有一次，党项的使臣到北宋用马匹换取物品，结果出了岔子，李德明火冒三

我要把他们全部"咔嚓"了。

父亲大人息怒。

丈，一生气把使臣给杀了。十二三岁的李元昊，觉得父亲太鲁莽，他对父亲说："我们从军的人原来本是从事鞍马的，现在用马换回些不急需的物品，这已经不是上策了，您还将使臣杀了，以后还有谁肯为我们出力呢？"一听这话，李德明惊呆了，如此小儿竟说出这般有远见的话。

这个李元昊，长相也很出奇。一副圆圆的面孔，炯炯的目光下，鹰勾鼻子耸起，刚毅中带着不可侵犯的神态。而且他还精通汉学、佛学，懂得治国之策，熟悉兵法谋略，身上还处处彰显着野性。

一直以来，李元昊对北宋很反感，他经常唆（suō）使父亲与北宋开战。李德明说："小子，你还太嫩，如今天下太平，我们也得到了赏赐，可以像宋人那样满身绫罗，不用穿兽皮了，为什么要打仗呢？"

李元昊看着父亲得意的神情，很不高兴。他说："穿兽皮是我们的本色，大丈夫怎么能对这点小利满足呢？"李元昊还提议李德明分散财富，团结部族联合征宋，以夺取更多的财富和疆土。

听说党项族出了狂野王子，宋朝边帅曹玮（wěi）决心看一看传说中的少年英才，就派人深入党项，画下了李元昊的画像。仅仅是面对画像，曹玮就震惊了，他断定此人以后必成北宋大患。

果不其然，在李德明死后没几年，李元昊就彻底与北宋撕破了脸。公元1038年，李元昊正式称帝，国号大夏（历史上叫作西夏），从此掀起了宋夏的拉锯战。

鸽子飞了，厄运来了

故事主角：李元昊、任福

故事配角：宋仁宗、韩琦等

发生时间：公元 1041 年

故事起因：李元昊带领西夏军进攻渭州，并在好水川设下了圈套

故事结局：宋军将领任福陷入西夏军包围，以身殉国

西夏成立后，北宋与西夏彻底闹翻了。宋仁宗怒不可遏（è；抑制，阻止），两国你来我往，打来打去，结果互有输赢。

公元1041年，西夏又挑起了事端。在李元昊的带领下，西夏军一路向渭（wèi）州进犯。李元昊此次采取了诱敌之计，明着打渭州，暗地里在好水川设下了圈套。

一听西夏军又来了，宋军将领韩琦（qí）集中所有人马布防，还选了 1.8 万名勇士，由任福率领出击。

任福带领骑兵迎击西夏兵，两军相遇，双方打了一阵，

西夏兵丢下战马就逃。任福派人侦察，听说前面只有少量敌兵，就紧紧追赶，却不知奔向了无解的死局。

任福带着宋军到了六盘山下，连西夏兵的影子都没看见。忽然，见路边有几只银泥盒子，封得很严实，兵士们走上前去，端起银泥盒子听了一下，里面有东西跳动的声音。任福吩咐兵士打开盒子。只见呼啦啦地飞出了一百多只带哨的鸽子，在宋军的头上盘旋。

此时，在六盘山下，李元昊带了十万精兵，早已布置好埋伏，见那鸽子飞起，四周的西夏兵一齐杀出，将宋军紧紧围在中央。被包了饺子的宋军，奋力突围，从早晨一直打到中午，一波波西夏兵不断从两边杀出。宋兵边打边退，伤亡不断增加。

此时，任福身上中了10多支箭，兵士劝任福逃跑。任福高声说道："我身为大将，兵败至此，只有以死报国。"他又冲了上去，死在西夏兵刀下。

这一仗，宋军死伤惨重，李元昊获得大胜。

别拿书生不当将军

故事主角： 张亢

故事配角： 李元昊、高继宣等

发生时间： 公元 1041 年

故事起因： 李元昊在好水川打了胜仗，开始不断进攻北宋

故事结局： 书生出身的张亢善于用兵，在琉璃堡打败了李元昊

在好水川打了胜仗后，李元昊的胃口越来越大。公元 1041 年 7 月，李元昊突然带兵进攻麟州（今陕西神木）城，结果被宋将高继宣打了"一闷棍"。一看不好惹，李元昊就转而进攻府州（今陕西府谷），结果这一次撞了"南墙"。两次受气的李元昊，未做休息，一头扎向了麟州、府州之间的丰州（今陕西府谷北），而且还得手了。不久，李元昊屯兵琉璃堡（今陕西府谷西北），彻底断绝了麟府之间的交通。

就在这个时候，一个狠书生出现了。此人名叫张亢（kàng），进士出身，做过知州、通判等文职，但宋夏战事给了他扬名沙场的机会。9月，北宋朝廷派张亢率军到府州。这个书生虽然不是军人出身，却作战灵活，很有远见。他对游击战很有研究，把各个地方都变成了战场。除此之外，他还给士兵极大的酬劳，重赏之下，士兵如狼似虎。李元昊的噩梦由此开始了。

宋军最终盯上了琉璃堡，这里是西夏军的物资集散地，也是其命门所在。张亢先是派出**细作**（指暗探，间谍），打探到对方军队涣散的消息。敌军在前线正打得热火朝天，而这大后方却悠闲自得。于是，张亢选择了出奇兵，火烧敌军补给。

张亢带兵连夜行军，趁西夏军不备，夜屠琉璃堡，许多西夏兵还不知道怎么回事，就死在了睡梦中，还有一些仓皇逃走。张亢偷袭之后，并不撤走，而是在附近扎营休整，以逸待劳。周边的宋军不断向这个中心点靠拢，力量越积越大。

此时的李元昊气急败坏，只想挽回败局。这股宋军有两面旗，一面是"万胜军"，一面是"虎翼军"。"万

45

胜军"养尊处优，战斗力不行，空有虚名；而"虎翼军"由底层民众组成，虽然不专业，但战斗力极强。

自认为聪明的李元昊，便准备拿"万胜军"开刀，但他的算盘打错了。一交战，这支"万胜军"展现了极强的战斗力，西夏军很快就招架不住了。李元昊万万没想到，他打的"万胜军"就是"虎翼军"——军旗被张亢调包了。在宋军的不断反击下，李元昊最终被打回老家。

一代雄主，被削了鼻子

故事主角：李元昊

故事配角：宁令哥、没藏讹宠、野利皇后、谅祚等

发生时间：公元 1048 年

故事起因：李元昊生性暴躁，行事决绝，引起了太子的愤恨

故事结局：太子宁令哥刺杀李元昊，砍掉了其鼻子，太子
最终被诛杀，李元昊也死于非命

李元昊生性残暴，喜好杀戮（lù），手上沾满了鲜血。他不仅毒死母亲，大杀外戚，还抢夺了太子之妻，这让太子宁令哥愤恨不已。

晚年的李元昊每天沉迷于酒色。当时，李元昊最宠爱没藏氏，而没藏氏的哥哥没藏讹庞（mò zàng é páng）沾了妹妹的光，当上了国相。但是没藏讹庞很清楚李元昊的猜忌，他不敢肯定，这个国主哪一天不高兴了，他们兄妹的人头还能不能保住。为了保全自己和妹妹，

没藏讹庞打算来个一石二鸟的毒计。

他趁机怂恿太子宁令哥刺杀李元昊，他告诉宁令哥，李元昊的残暴已激起了朝野的愤怒。如果宁令哥肯刺杀李元昊，他会做后应，事成之后，辅佐宁令哥做皇帝。宁令哥被说动了。

公元1048年正月十五是一个欢庆的节日，李元昊畅饮到深夜，他已经醉得意识模糊了。蒙眬中，他觉得累了，于是东摇西晃地走回了自己的后宫，这里外人不得入内。

宁令哥趁四下无人，拿着宝剑悄悄走到父亲身后，对准父亲的头劈了过去。李元昊虽然酒醉，但听到宝剑的呼啸声，下意识地回头躲避。宝剑贴着他的脸擦了过去，脑袋虽然保住了，但鼻子被削去半边，顿时血流如注。

宁令哥以为他可以顺利登上皇帝宝座的最后的机会来了。但他不知道，自己的"盟友"没藏讹庞是个大骗子，他已经在宫中埋伏了侍卫。

李元昊的鼻子刚被削掉，侍卫便出现了。宁令哥惊慌失措地逃离了宫中。没藏讹庞当即将逃往自己府上的宁令哥擒住，并带人进入宫中将太子的母亲野利皇后一并抓住，并以最快的速度将他们杀掉。

李元昊很快死掉了。太子宁令哥弑（shì）父被诛，没藏氏的儿子谅祚（zuò）顺理成章地继承了皇位，没藏讹庞以国相的身份总揽朝政。从此，西夏陷入了外戚专政的恶性循环。

醒木一响，评书开场！
品茶听书，为你讲述有滋有味的宋元传奇；
真真假假，权且当茶余饭后的谈资……
今天，我要给大家讲的是——张仙射天狗！

张仙射天狗

　　据说宋仁宗赵祯（zhēn）已五十多岁，尚无一子。他非常苦恼，经常向上天祷告，希望赐自己一个儿子。

　　一天晚上，他在睡梦中看见一个男子。这个男子衣着华丽，脸上好像涂了一层粉，长胡须在胸前飘逸。

　　宋仁宗赶忙施礼，说道："不知是哪位神仙驾临，有什么事情吗？"这男子挟着弓弹，来到宋仁宗面前，说："我是送子张仙。陛下因为天狗守垣（yuán；星的区域，古代把众星分为上、中、下三垣），不得子嗣（sì）。今天我特地来为你用弓弹驱逐天狗。"宋仁宗听了以后非常高兴。

　　梦醒后，宋仁宗立刻命人按他梦中所见的张仙形象画了一张图，贴在宫中祈子。从此民间就有了"张仙射天狗"的说法。

第 **4** 章

变法成了大热门

有言在先

自宋仁宗开始，北宋的皇帝们开始热衷起变法来。宋仁宗任用范仲淹推行"庆历新政"，宋神宗任用王安石推行"熙宁变法"，但结果都是雷声大雨点小，在反对势力的阻挠下，变法成了一纸空文。庆历新政进行了一年多，仓促画上了句号；王安石变法虽然进行了十多年，但争议不断，成效难言。皇帝们善变的心、脆弱的神经、摇摆的态度，注定变法终将失败。

新政捅了马蜂窝

故事主角：范仲淹

故事配角：蔡襄、王素、余靖等

发生时间：公元 1043 年—公元 1045 年

故事起因：为解决宋廷财政危机，宋仁宗让范仲淹推行"庆历新政"

故事结局：新政遭到了皇亲国戚、权贵大臣等的抵制，最终失败

　　宋仁宗执政时，国家开销越来越大。政府机构五花八门，官员数量庞大，士兵人数频创新高，再加上连年战争等，国库就快见底了。

　　面对紧迫形势，宋仁宗心里很着急。在这困难之际，宋仁宗想到了能臣范仲淹。范仲淹不仅关心民众疾苦，政绩显著，在宋夏战争中也是屡立战功。

很快，宋仁宗就把范仲淹召回了京城，并马上召见了他，先封其为副宰相，然后要他提出治国的方案。

想要改革，可不是一件容易的事。由于历史遗留问题太多，范仲淹知道朝廷弊病也多，不可能一步到位，只能一步一步来。但是，宋仁宗是个急性子，一再催促，范仲淹与蔡襄（xiāng）、王素、余靖（jìng）等大臣，几经推敲，提出了十条改革措施。

公元 1043 年 9 月，范仲淹向宋仁宗提出"择官长、均公田、厚农桑、修武备、减徭役、重命令"等十项改革措施。正在热乎劲儿的宋仁宗看了方案，很是高兴，立刻批准在全国推行。历史上把这次改革称为"庆历新政"（"庆历"是宋仁宗的年号）。

理想是饱满的，但现实是残酷的。范仲淹的新政刚一推行，就捅了马蜂窝。一些皇亲国戚、权贵大臣、贪官污吏见新政触犯了自己的利益，纷纷闹起来，散布谣言，攻击新政。一些原来对范仲淹不满的大臣，隔三差五地在宋仁宗面前说范仲淹与一些人结党营私，滥用职权等，各种坏话说了一箩筐。

这个时候的宋仁宗，看到有那么多人反对范仲淹、反对新政，也开始动摇起来。这下范仲淹的日子不好过了，皇帝不撑腰，反对派们不依不饶。一看形势不妙，范仲淹主动要求回到陕西防守边境，宋仁宗就把他打发走了。

公元 1045 年，范仲淹刚走，宋仁宗就下令废止新政。至此，庆历新政在进行一年多后，彻底失败。

皇帝肚里也撑船

故事主角：宋仁宗

故事配角：宫女、苏辙、老秀才、成都太守等

发生时间：不详

故事起因：宋仁宗敦厚仁慈，对待侍从、官员和百姓施以仁德之举

故事结局：宋仁宗也成为历朝历代为数不多的仁慈皇帝

宋仁宗虽然是九五之尊，但他的性格却很仁慈宽厚，尤其是对待侍从、官员和百姓，很有大度量。

有一次用膳（古语，吃饭的意思），宋仁宗一口咬到了沙子，牙齿顿时一阵疼痛，他一口吐了出来，随后对陪侍的宫女说："千万不要和别人讲我吃到沙子了，这是不可饶恕的死罪啊。"对于侍从的错误，宋仁宗没有发火或选择杀戮，而最先想到的是侍从的性命安危，由此可见他的仁慈。

对于读书人，宋仁宗也是相当宽容的。有一年，大才子苏辙（zhé）参加进士考试，在试卷里写了这样的话："我在路上听说，皇帝沉迷美色，享乐不加节制。皇上不思治国大计，也不关心百姓疾苦。"考官们看了，认

为苏辙实在太猖狂，此举性质恶劣，罪该当斩。但宋仁宗知道后，却说："朕设立科举考试，就是要录取敢说话的人。苏辙敢如此直言，应该特与功名。"宋仁宗不仅没有怪罪苏辙，还于第二年封了苏辙官职。

四川有个老秀才，献诗给成都太守，诗中写道："把断剑门烧栈（zhàn）阁，成都别是一乾坤。"成都太守一看，这还了得，这不是与朝廷作对，要造反吗？于是，他就把老秀才押送到了京城。

按照大宋的法律，老秀才应被予以严惩，宋仁宗却说："这是老秀才急于要做官，写一首诗泄泄愤，怎能治罪呢？"宋仁宗授其为司户参军。于是，那个老秀才走马上任去了远方。

作为一个封建帝王，宋仁宗能容天下诸多难容之事，肚子里能撑船，这在历朝历代的皇帝中实属难得。

王安石：变法是个闹心事

王安石是北宋很有才干的官员。宋仁宗时，王安石
曾主动上书要求变法改革，结果宋仁宗没兴趣，改革的
事就没有了下文。

到了宋神宗时，北宋已像一头病狮，越来越虚弱了。
豪情满怀的宋神宗，很想大施拳脚，改变国家积贫积弱
的窘境。但选哪位大臣进行改革，如何改革才有效，让
宋神宗一时摸不着头脑。

琢磨来琢磨去，一个人名跳进了宋神宗的脑海——王安石。宋神宗即位前，身边有个叫韩维的官员，常常在他面前谈一些好的见解。宋神宗称赞他，他说："这些意见都是我朋友王安石提出的。"从那时起，宋神宗就对王安石有了好印象。想到此，宋神宗下了一道命令，把正在江宁做官的王安石调到京城来。

成大事难，还是回江宁休养去吧！

王安石接到宋神宗的命令，就高高兴兴地进京了。他一到京城，宋神宗就单独召见他。宋神宗考问他说："要治理国家，该从哪儿入手？"王安石回答说："先从改革旧的法度，建立新的法度开始。"宋神宗听了，觉得很有道理。

　　公元 1069 年，宋神宗把王安石提拔为副宰相。二月，宋神宗与王安石共同商讨后，为实行变法专门设立了一个机构，轰轰烈烈的变法运动就此开始。

　　王安石变法的主要内容有：均输法、青苗法、农田水利法、募役法、保甲法、市易法、方田均税法及改革

科举制度等。

不久，王安石的变法起到了效果，不仅巩固了北宋的统治，政府的财政大有改善，北宋的军事实力也明显提高。在与西夏交战中，收复故地两千里，这是北宋历史上十分少见的胜利。

然而，由于变法动了上层人士的"大蛋糕"，遭到太皇太后、皇太后及元老重臣，如司马光、文彦博、吕公著等守旧派的激烈反对。宋神宗一看事情闹得有点大，就动摇起来。王安石被逼无奈，只好主动辞官，去江宁府休养。

没过多久，宋神宗觉得没有王安石，变法就失去了灵魂，就又把王安石召回京城。谁知几个月后，夜空出现了彗星。很多人觉得这是不吉利的预兆，一些保守派便添油加醋，趁机对新法进行诬蔑（wū miè；捏造事实毁坏别人的名誉），并将王安石视为灾星。此时的宋神宗又变成了骑墙派，左右摇摆。王安石这回彻底死心了，只好再一次辞去宰相职位，回江宁府去了。

此后变法虽然继续进行，但并没有改变北宋衰弱的颓势。1085 年，宋神宗死了，变法也到此结束。

一张地图，摆平了大辽国

故事主角： 沈括

故事配角： 宋神宗、萧禧、杨益戒等

发生时间： 公元 1075 年

故事起因： 宋辽边界出现争端，沈括以地图为证，解决了危机

故事结局： 在出使辽上京时，沈括和官员们对答如流，使辽国最终放弃了无礼的要求

澶渊之盟后，北宋每年给辽国送去大量银、绢。但时间一长，辽国就开始贪得无厌了，他们觉得北宋是个"软柿子"，就想进一步侵占北宋土地。

公元 1075 年，辽国派大臣萧禧（xǐ）到京城，要求重新划定边界。宋神宗感到莫名其妙，就派能辩之臣跟萧禧谈判。谈判桌上，双方**唇枪舌剑**（形容辩论激烈，言词锋利，像枪剑一样），你来我往，但几天下来，没

有任何结果。萧禧嘴很硬，一口咬定说黄嵬（wéi）山（今山西原平）一带30里的地方都属于辽国。而宋神宗派去谈判的大臣，对这个地方一点都不了解，也没法驳倒他。

在这纠缠不清之际，宋神宗又派"活地图"沈括去和萧禧谈判。沈括是个精细人，他先到枢密院（当时的最高军事机构），从档案资料中查清了过去议定边界的文件，发现宋辽过去商定的协议是以古长城为界，而黄嵬山在古长城以南，相距有30里之遥，他随后向宋神宗做了报告。后来沈括又画成地图送给萧禧，在真凭实据面前，萧禧没了底气，只好返回了大辽。

不久，宋神宗又派沈括出使上京（辽国的京城，在今内蒙古自治区巴林左旗）。沈括收集了许多地理资料，并叫随从官员把资料背熟。到了上京，辽国派宰相杨益戒跟沈括谈判。对于辽方提出的问题，沈括和官员们对答如流。谈判先后进行了六次，杨益戒最终无言可对。辽国官员无法说服沈括，又怕闹僵，只好放弃了无理要求。

沈括带着随从官员从辽国回来的路上，每经过一个地方，便把那里的大山河流、险要关口，画成地图，还调查了当地的风俗人情。回到东京以后，他把这些资料整理出来献给宋神宗。宋神宗赞扬沈括办事得力，拜他为翰林学士。

醒木一响，评书开场！
品茶听书，为你讲述有滋有味的宋元传奇；
真真假假，权且当茶余饭后的谈资……
今天，我要给大家讲的是——狸猫换太子！

狸猫换太子

宋仁宗是两宋时期在位时间最长的皇帝。关于宋仁宗的身世，有一种流传至今的说法，就是"狸猫换太子"。

包拯巡行到地方，在经过一处破窑时，被一位老妇人拦住，老妇人向包拯哭诉了自己悲惨的身世。经过仔细推敲，包拯认定她就是当今圣上宋仁宗的亲生母亲李娘娘，于是他立刻回京查访当年的情况，终于明白了事情的来龙去脉。

当时这位李娘娘，只是宋真宗后宫的宫女，可是却得到了宋真宗的宠爱，还有了身孕，并最终生下了一个儿子。在得知李娘娘生了儿子后，当时的刘德妃（后来的刘皇后）异常嫉妒，她买通了接生婆，用一只剥了皮的狸猫，换走了刚刚出生的宋仁宗。

等到宋真宗下朝来看自己的骨肉时，却只看到一个血淋淋的怪物。宋真宗不分青红皂白，立刻将李娘娘打入冷宫。后来刘德妃又升为皇后，就对李娘娘起了灭口之心。李娘娘在一位好心宫女的帮助下，急忙逃出了深宫，从此隐姓埋名地生活了20年。

包拯为了洗雪李娘娘的冤仇，就把她带回京城，想方设法让宋仁宗认了生母。此时，冤案真相大白，坏人得到了惩处，母子也得以团圆。

第 **5** 章

靖康之变，导致北宋灭亡

有言在先

公元1115年，女真族首领完颜阿骨打建立了金国，辽国和北宋又增添了一大对手。但敌人的敌人也是朋友，在金国和北宋的联合攻打下，辽国最先灭亡。

辽国一灭，金国很快把矛头对准北宋。在金国的持续进攻下，东京城被攻陷，宋徽宗、宋钦宗成了屈辱父子，皇亲国戚、后宫嫔妃、文武大臣等也被金国俘虏。靖康之变，给北宋贴上了屈辱的标签，也为北宋画上了灭亡的句号。

故事万花筒

李纲——北宋最后的王牌

故事主角：李纲

故事配角：宋徽宗、宋钦宗、白时中、杨邦彦、宗望等

发生时间：公元 1125 年

故事起因：金军大举进攻北宋，宋徽宗逃跑，宋钦宗六神无主

故事结局：兵部侍郎李纲主动带军守城迎战，打败了金军数次进攻

　　公元 1100 年，宋徽（huī）宗赵佶（jí）当上了皇帝。要命的是，宋徽宗疏于朝政，还任用奸臣，把北宋搅得天翻地覆。

　　公元 1125 年，趁北宋残喘之际，金军大举南下。魂飞魄散的宋徽宗急忙退位，把皇位传给太子赵桓（huán），赵桓一时成了"接盘侠"。宋徽宗则连夜带着亲兵逃出了京城，留下了一个烂摊子。

看着父亲跑了，刚登基的宋钦（qīn）宗赵桓傻眼了，一时间也是六神无主。宰相白时中、杨邦彦乘机劝他也逃跑。兵部侍郎李纲听说后，急忙求见宋钦宗。

李纲在殿上责问宋钦宗，说："金兵还没到，陛下

皇上，这个节骨眼儿，您可不能跑。

70

就把京城抛弃了，怎么向太上皇交代，怎么向百姓交代？"
宋钦宗哑口无言。

此时，白时中狡辩说："金军锐不可当，京城哪里
能守得住？"

李纲反问道："天下的城池，还有比京城更坚固的吗？
只要我们鼓励将士，安抚民心，就一定能守住京城！"

李纲的一片忠心，打动了宋钦宗，他马上让李纲负责守卫京城。

几天后，金军统帅宗望率领十万铁骑，来到东京城下。他们沿着汴河出动了几十只火船，企图顺流而下，烧掉城楼。李纲在河里布置了一排排木桩，又搬来了大量的假山石，堆塞在门道间，使金军火船无法前进。这时，2000多名敢死队员一齐上前，手执长竿铙（náo）钩，牢牢地钩住火船，不久那些火船便化为灰烬（jìn）。

宗望一计不成，又生一计，把他的王牌铁骑搬了出来。他们身穿铁甲，头戴兜鍪（dōu móu；古代战士戴的头盔），全身只露两个眼睛，刀箭不入，十分凶悍。但因为是骑兵，只能坐在大船里顺流而来。那些船刚驶近水门前，李纲一声令下，巨大的石块如暴雨般砸下去。一时间，金军纷纷脑浆迸裂，一命呜呼。紧接着，宋军将士蜂拥而出，奋勇杀敌。李纲亲自擂鼓激励将士，打退了敌人一次又一次的进攻。

金军统帅宗望孤军深入，千里奔袭北宋都城，却不料在东京遇到了死磕的宋军，不仅城池久攻不下，而且伤亡惨重，只好派人议和。

江湖骗子请神兵

故事主角：宋钦宗、郭京

故事配角：种师道、赵构、王云等

发生时间：公元 1126 年

故事起因：金军再次对宋朝进行大规模进攻，目标直指东京开封

故事结局：宋钦宗相信江湖骗子的六甲神兵，结果京城被攻破

公元 1126 年 8 月，金军再次对北宋进行大规模的进攻，目标直指东京开封。一路南下的金军，势如破竹，步步紧逼，北宋的江山再一次告急。自李纲被排挤后，宋廷再也没有像样的武将可用。

面对咄咄逼人的金军，宋廷的大臣们又在为是战还是和而争吵不休。宋钦宗本来就没主见，这时候也傻眼了。老将种（chóng）师道上奏宋钦宗，指出此次金军南侵势力庞大，一定要做好迎战的准备。

软弱的宋钦宗却抱着求和的幻想。金军即将渡过黄河时，宋钦宗立即派康王赵构和大臣王云为割地求和的使者，前往金营。金人表面上同意和谈，却依然加快南侵的步伐。不久，大批金军到达了东京，一时间，大兵屯集，黑云压城，东京陷入万分紧急的境况。

这时的宋钦宗如热锅上的蚂蚁，彻底丢了魂。在这生死关头，有一个叫郭京的人出现了，主动说："陛下不要着急，我有办法退金兵。"

宋钦宗一听，感觉像抓住了救命稻草，于是问："你有什么办法，快说出来。"

郭京自信地说："我曾跟随道士学过'神术'，会'六甲法'的法术，凭借这个法术可招来天兵天将，生擒敌人元帅，消灭敌军。"他向宋钦宗保证，只要给他7777个人，他就可以凭借法术退敌。昏庸的宋钦宗饥不择食，竟相信了这个江湖骗子。

一切准备就绪后，郭京装神弄鬼地开始发功了。他命令撤走城上的守军，以免有人偷看，导致法术不灵。施展了法术之后，他命人大开城门，命他的六甲神兵出城迎战。这些所谓的神兵，不过是一群乌合之众，哪有什么刀枪不入的法术，全部被金人歼灭。幸好城门及时关闭，金人没能趁势入城。这位郭神仙见大事不妙，找了个借口逃跑了。

就在此时，金人攀城而上。登上城墙后，他们彻底惊呆了，城墙上竟没有守兵。就这样，苦苦坚守了一个多月的京城，让一支荒诞的神兵给毁了。

看我的"六甲法"怎么治你们。

亡国父子走上不归路

故事主角：宋徽宗、宋钦宗

故事配角：李若水、太后、张叔夜、帝姬、嫔妃、宗望、宗翰等

发生时间：公元 1127 年

故事起因：金军攻破东京，俘虏了宋徽宗、宋钦宗父子及大量赵氏皇族、后宫妃嫔与贵卿、朝臣等，并押解这些人北上

故事结局：东京城被金兵抢劫一空，北宋灭亡

公元 1127 年，二月初六，对北宋王朝来说，是一个耻辱的日子。金人废宋钦宗和宋徽宗为庶人（泛指无官爵的平民）。当宋钦宗被迫脱去龙袍时，随行的李若水抱住他不让脱，还大骂金人，金人一来气，将他折磨至死。宋钦宗虽然成了阶下囚，但是金人也不会放过他的父亲宋徽宗和其他皇室成员。

二月初七，金人传来旨意，让太上皇宋徽宗和太后等人前往金营，说是让一家人早日团聚，宋朝大臣放声大哭。大臣张叔夜认为，金人诡计多端，宋徽宗此次金营之行一定是凶多吉少，太上皇万不可前往。

你们以后都被贬为庶民。

啊！

他表示，愿意率领众将士誓死护太上皇突围。

但无能的宋徽宗哪有这个胆，只能金人说什么，他就做什么。而今金人让他去金营，他也不敢耽误。宋徽宗和太后乘坐牛车，缓缓驶出了龙德宫，驶出了京城，走上了有去无回的不归路。

皇帝被囚，太上皇被抓，几乎所有的皇室子孙都没能逃过此劫。金人拟定了一份赵氏宗室的名单，就这样，赵佶的儿子、女儿、嫔妃、驸马等，还有赵桓的太子、嫔妃等人，几乎无一幸免。在短短的几天时间，金人共抓获皇室3000多人，并将他们的衣袖绑在一起，令其相互挽行至金营。

公元1127年4月1日，金将宗望、宗翰押着被俘的宋徽宗、宋钦宗和皇子、皇孙、后妃、宫女等400余人回归金国，同时满载掠夺的大量金银财宝。

北宋就这么灭亡了，国土沦陷，财富被洗劫一空，皇室子孙也都成了金人的阶下囚，惨不忍睹。历史上把这一事件称为"靖康之耻"或"靖康之变"。

醒木一响，评书开场！
品茶听书，为你讲述有滋有味的宋元传奇；
真真假假，权且当茶余饭后的谈资……
今天，我要给大家讲的是——太湖石的传说！

太湖石的传说

　　相传太湖石最初的出产地，是太湖边上。太湖里面有一座鼋（yuán）山。大禹治水的时候，来到这里，他用治理洪水的开山神斧，凿出了一只伸颈舒爪、活灵活现的石鼋。大禹雕石鼋的时候，飞溅出的石块落在太湖里，经过年深日久的冲刷，就变成了美丽的太湖石。

　　宋徽宗宣和年间，吴县有一个富家的浪荡公子，姓朱名勔（miǎn），他不学无术，却又一心想做官。当他听说当今皇上喜欢奇花异石，就选了最大最漂亮的一块太湖石，运到了京城献给皇上。

皇上见了太湖石，喜欢得不得了，就封朱勔为威远节度使，并且命他回乡搜罗更多的太湖石来。

朱勔回到家乡后，听说太湖的鼋山上有一只漂亮的石鼋，就起了歪心思。他到鼋山一看，果然，山顶上有一只非常漂亮的石鼋，它昂头翘首，活灵活现。朱勔非常高兴，就让手下拉来几百个民夫，要把石鼋从鼋山上搬走。但无论怎样，石鼋一动也不动。

这时，有人说，石鼋是上古时候大禹留下的神物，普通人怎么能扛得动呢？朱勔听了，又气又恼，说："我是皇上派来的，管它神物不神物，我就是要把它抬走，要是抬不走，就给我把它的头敲掉！"

朱勔手下的恶奴听了，举起铁锤，就向石鼋的头打去。只听轰隆一声巨响，金光四射，石鼋的头被砸掉了，断了的鼋头顺着山坡滚到了湖水中。鼋头刚一入水，湖面上顿时刮起了狂风，巨大的浪头一个接着一个。突然间，一个巨浪打来，就把朱勔和恶奴都卷到太湖里了。

风浪平息以后，湖里又出现了一座小山，样子很像被砍断的鼋头。于是，人们就将原来的鼋山称为"鼋背山"，而把新出现的小山叫作"鼋头山"。

第 **6** 章

岳飞抗金，秦桧祸宋

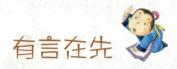

有言在先

北宋皇室众人被俘后，康王赵构捡了一条命。大难不死的赵构，顺利地在南方建立南宋，让宋朝得以延续。对此，金国极为不爽，开始了疯狂的进攻。在抗金斗争中，抗金名将岳飞带领岳家军，横扫沙场，威震敌胆，打得金军丢盔卸甲。

有人抗金，有人祸宋。秦桧极尽小人之能事，不断给宋高宗进言，又是与金国议和，又是坑害忠良，使南宋不断自毁长城。一代抗金名将岳飞，终因"莫须有"的罪名，命丧风波亭，给历史留下苍凉的悲叹。

泥马救了康王命

故事主角：康王赵构

故事配角：王云、宗泽、斡离不等

发生时间：公元 1126 年—公元 1127 年

故事起因：康王赵构得知北上金营求和凶多吉少时，决定南逃

故事结局：面对金兵的步步紧追，绝望中的康王因泥马而渡江脱险

在北宋皇族几乎全部被俘之际，康王赵构却成了金军的"漏网之鱼"，成为北宋唯一逃脱的皇子。这赵构是如何得以保全自身的呢？民间流传着"泥马渡康王"的说法。

康王赵构在宋徽宗眼里，属于不怎么受宠的皇子。

即使哥哥当了皇帝，也不怎么待见他。公元1126年春，当金兵第一次包围东京时，康王赵构就成了送往金营充当短期人质的首选。这年冬天，金兵再次南侵，康王赵构和大臣王云又被派往金营求和，再一次成为送上门的"冤大头"，可谓凶多吉少。

幸运的是，当他们来到磁州（今属河北）时，被守臣宗泽劝阻留下，才得以免遭金兵俘虏，同时还识破了王云是金国奸细。这样的结果，使赵构感到后怕，不免后背发凉。

听说康王赵构逃跑了，金国斡（wò）离不急忙派军来追，途中被宗泽拦住，两军相遇，一通厮杀。康王赵构则马不停蹄，拼命地一直往南跑。不久，金军冲破了宋军的防线，直奔赵构向南追来。

赵构来到了江边，顿时傻了眼。只见江水滔滔，大浪拍岸，一个船影也没有。就在此时，他胯下的马口吐白沫，被活活给累死了。一连串的打击，使赵构连死的心都有了。他面江长叹："天要亡我，一切听天由命吧。"

金军的马蹄声从远处传来，这一刻的赵构想到"大丈夫终有一死，有什么可怕的"。他的心渐渐平静，随即看到右方有一座古庙，就走了过去。

　　赵构走了进去，见正对庙门的是一尊菩萨（pú sà）

像。穷途末路之时，赵构撩起衣袍，在菩萨面前祈祷，

恳请菩萨保佑他脱此大难。再看菩萨旁边，是一匹泥马。这泥马栩栩如生，赵构走过去绕马一周，手拍马背，心想："马儿，马儿，奈何你只是一匹泥马，若是能载我过江那该多好。"赵构这样想着，苦笑一声，摇头长叹。

这时，他忽然听到马的嘶鸣，那泥马竟成了活生生的真马。庙外已见火把点点——金军已至。回过神来的赵构，立即上马提起缰绳飞奔而出。但那马却直奔江边而去，任凭赵构怎样牵引，那马也不改变方向。

眼见金军追来，千钧一发之时，那马长啸一声，跳入滚滚的江水之中。只见周围波涛汹涌，赵构依旧骑在马背上，长袍已被打湿，冰冷的江水不断向他扑来，赵构紧紧抓住缰绳。不到半个时辰，人、马都已站在岸上了。赵构这下彻底松了一口气，再看那马时，那马竟化成了一堆泥巴。

赵构凭借泥马的相助躲过一劫，走上了复兴宋室之路。1127年五月初一，赵构在南京应天府（今河南商丘）即位，改元建炎，成为南宋第一位皇帝。

书生抗金，皇帝担心

故事主角：宗泽

故事配角：宋高宗、李纲、王善等

发生时间：公元 1127 年—公元 1128 年

故事起因：近 70 岁高龄的宗泽，积极治军，增强开封城防御，取得东京保卫战的胜利

故事结局：宗泽始终不得宋高宗信任，最后抑郁成疾而终

宗泽本是一介书生，是宋哲宗时期的进士。做官后的宗泽一心报国，想为朝廷做点贡献，但却一直得不到重用。

公元 1127 年 6 月，因李纲的力荐，宋高宗任命 67 岁高龄的宗泽为开封府尹，后又加任东京留守，也算是大志晚成。

此时管理开封城，无疑是接了一个烂摊子。经金人的疯狂洗劫，这里已是生灵涂炭，匪盗横行，一切都乱套了。

宗泽一到开封，先来个杀鸡给猴看——处置了几个抢劫犯，并发出命令："有敢抢劫钱财的，一律按军法严惩。"开封城很快稳定下来。

为防止金人卷土重来，宗泽在开封城的四侧，各派防御大臣；又在城郊险要地带，设置了24座壁垒，各派兵数万把守。同时，还沿黄河修筑纵横交错的连珠寨，挖了深、宽数丈的壕沟，以此阻止金兵。

开封城的军队多是临时招募（mù）的，战斗力不强，纪律性差，武器装备也差。在两河义军抗金斗争中，宗泽看到了人民武装的力量，因此宗泽开始大力收编起义军，组成军队。

王善本是河东大盗，部下有70余万人，想占据京城。宗泽就想深入虎穴，争取与其联合抗金。宗泽冒着极大的风险，单枪匹马来到王善的大本营。他流着泪对王善说："朝廷正处于危难之时，如果有一两个像您一样的英雄，

怎么会再有外敌入侵呢？"王善热泪盈眶地说："怎么敢不为朝廷效力。"王善当即决定归顺。

公元1127年9月，金军分三路大军南下。三路大军势如破竹，中原地区除开封外，竟被全部攻下。宋高宗一听说金军又来了，吓得跑到扬州避难去了。只有镇守开封的宗泽，临危不惧，以坚固的防御和正确的战术，取得了东京保卫战的胜利。

此后，宗泽给宋高宗上奏章，请其移驾开封主持抗金，他前前后后写了24道奏章，但是没有一点回应。宋高宗觉得，宗泽手握重兵，万一哪天造反，自己岂不成了阶下囚？此时的宗泽，竟成了宋高宗的一个隐患。

白发苍苍的宗泽彻底绝望了，他一时悲愤交加，积怨成疾，很快就病倒了。1128年7月，宗泽觉得时日不多，就将众将唤来，说："我因为徽、钦二帝遭受不幸，积愤成这样。你们如果能够消灭敌人，我则死而无憾了。"众将都流着泪说："怎敢不效力！"

宗泽在弥留之际，没有一句话谈及家事，言语中全是北伐。最后，这位年近70岁的老将，连呼三声"过河"后，离开了人世。

乱世出了真英雄

故事主角：岳飞

故事配角：金兀术、秦桧、岳云等

发生时间：公元 1134 年—公元 1140 年

故事起因：面对金军的疯狂进攻，名将岳飞带领岳家军不
断取得胜利

故事结局：金兀术带兵进攻中原，被岳家军再一次打败

岳飞是相州汤阴（今河南汤阴）人，从小刻苦读书，
尤其爱读兵法。他还天生神勇，力大过人，十几岁的时
候就能拉开 300 斤的大弓，后来还练得一手百发百中的
好箭法。

后来，岳飞从了军，成了宗泽手下的军官。有一次，
他带领 100 多名骑兵，在黄河边练兵，忽然来了大股金兵。
兵士们都很害怕，岳飞不慌不忙地说："敌人虽然多，
但他们不知道我们有多少兵力。我们趁他们没准备的时

候，击败他们。"说完，他就带头冲向敌阵，斩了金军一名将领。兵士们受到鼓舞，也冲杀上去，把金军杀得落花流水。

公元1134年，岳飞奉命挥师北伐。仅用三个月，就收复了襄汉（今湖北襄阳）地区的大片土地，这是南宋第一次大规模收复失地。之后，岳飞率军收复了河南的许多地方。金国见形势不好，就决定与南宋议和。宋高宗一听议和，喜不自胜，于是用秦桧（huì）为相，同金国订立和议，向金称臣纳贡。岳飞强烈反对议和，但毕竟胳膊拧不过大腿。

1139年，金国内部发生政变，金兀术（wù zhú）掌握了大权。第二年，金兀术撕毁和约，兵分四路向南宋大举进攻。在中原战场上，岳飞率岳家军进行反攻，收复了河南中部的大片地区，并派军袭击金军后方。金兀术趁岳家军兵力分散之机，率精锐骑兵直逼岳家军指挥中心郾（yǎn）城。岳飞命儿子岳云率轻骑攻入敌阵，直杀得金军尸横遍野。

岳家军节节胜利，一直打到距离东京只有45里的朱仙镇。河北的义军得知岳家军打到朱仙镇的消息，都渡过黄河来同岳家军会合。老百姓用牛车拉着粮食慰劳岳家军，个个兴奋不已。

岳飞眼看形势大好，胜利在望，也止不住内心的兴奋。他鼓励部下说："大家共同努力杀敌吧。等我们直捣黄龙府的时候，再跟各路弟兄痛饮庆功酒！"

谢谢乡亲们。

害忠良，奸臣太疯狂

故事主角：秦桧、岳飞

故事配角：万俟卨、张俊、王贵、何铸、岳云、张宪等

发生时间：公元 1141 年—公元 1142 年

故事起因：在金兀术的鼓动下，秦桧和其同党编造各种罪名陷害岳飞

故事结局：岳飞、岳云、张宪被捕入狱，最终为奸臣所害

　　南宋抗金名将岳飞，是金兀术的一个克星。公元 1141 年，绍兴和议后，金兀术派人给秦桧送去密信说："你天天向我们求和，但是岳飞不死，我们就不放心。一定得把他杀掉。"接到密信，秦桧开始计划对岳飞下毒手。

　　秦桧决定先来个借刀杀人，他唆使监察御史万俟卨（mò qí xiè）给朝廷上奏章，捏造岳飞在抗金中的多项"罪名"。万俟卨信口雌黄（不顾事实，随口乱说）开了第一炮后，又有一批秦桧同党接连上奏章对岳飞进行攻击。

岳飞知道秦桧要陷害他，就主动辞去了枢密副使的职务。然而，秦桧等人并没有收手。岳飞原是大将张俊的部下，后来岳飞立了大功，张俊心里很不爽。秦桧抓住张俊的"酸葡萄心理"，就与张俊串通起来，唆使岳家军的部将王贵、王俊，诬告另一个部将张宪，理由是张宪想发动兵变，帮岳飞夺回兵权；接下来还诬告岳飞的儿子

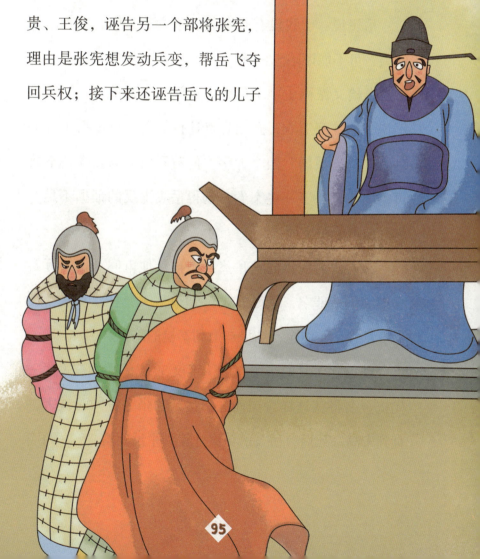

岳云曾经给张宪写信，秘密策划这件事。宋高宗不问青红皂白，便派人将岳飞、岳云、张宪逮捕。

万俟卨审问岳飞，他拿出王贵、王俊的诬告状，放在岳飞面前，吆喝着说："朝廷并没有亏待你们三人，可你们为什么要谋反？"

岳飞说："我没有对不起国家之处，你们掌管国法的人，可不能诬陷忠良啊！"

秦桧又派御史中丞何铸去审问岳飞，岳飞一句话也不说，他扯开上衣，露出脊梁让何铸看，只见岳飞背上刺着"精忠报国"四个大字。何铸看后大为震动，不敢再审。他又看了一些案卷，觉得岳飞谋反的证据不足，只好向秦桧照实回报。

秦桧认为何铸同情岳飞，不再让他审问，仍叫万俟卨继续编造罪名。朝廷官员都知道岳飞冤枉，有些官员上奏章替岳飞申冤，结果却遭到秦桧的陷害。

1142 年 1 月的一个夜里，年仅 39 岁的岳飞被害，一代抗金名将就这样含冤而去，岳云、张宪也同时被害。直到宋高宗死后，岳飞的冤案才得到平反昭雪。

知识补给站

北宋灭亡后，金人又立了哪些傀儡皇帝？

北宋灭亡后，金人采取了"以汉治汉"的政策，张邦昌、刘豫先后成为金人选立的傀儡皇帝。南宋建立以后，张邦昌感觉不妙，主动放弃了傀儡皇帝之位；后来的傀儡皇帝刘豫是个成事不足的人，渐渐成为金国的包袱，最终被金人废掉。

成语"东窗事发"讲的是怎样的故事？

传说奸臣秦桧杀岳飞时，曾和妻子王氏在东窗下密谋定计。后来秦桧死了，不久他儿子也死了。王氏请道士为丈夫和儿子招魂。道士在作法事时，看见她儿子和丈夫戴着枷锁在地狱里受苦。秦桧叫道士带话给王氏说，"东窗事发矣"！这个成语比喻密谋败露。

宋词是一种怎样的文学体裁?

宋词,是宋代盛行的一种文学体裁,是一种相对于古体诗的新体诗歌之一,为宋代儒客文人的智慧精华,代表了宋代文学的最高成就。宋词句子有长有短,便于歌唱。宋词的代表人物主要有苏轼、辛弃疾、柳永、李清照等。

第 **7** 章

不断挣扎的南宋王朝

有言在先

　　签订了绍兴和议，南宋获得了 20 余年的苟安。在此后很长的一段时间里，宋金之间打打停停，但谁也除不掉谁。大有针尖对麦芒、难决雌雄的对峙架势。

　　南宋的皇帝们多是苟且偷安，武将们频遭打压，权臣们轮番祸国，朋党相争更是此起彼伏，成了家常便饭。在不断消沉的岁月里，南宋王朝挣扎着、动荡着、残喘着……

 故事万花筒

采石大战，书生也彪悍

故事主角： 虞允文

故事配角： 完颜亮、刘锜、宋高宗、李显忠、王权、时俊等

发生时间： 1161 年

故事起因： 金国皇帝完颜亮发动 60 万大军，向南宋发起进攻

故事结局： 在采石，书生出身的虞允文指挥有方，大败金军

1161 年 9 月，金国皇帝完颜亮发动 60 万大军，向南宋发起进攻。

完颜亮的大军逼近淮河北岸，防守江北的主帅刘锜（qí）病倒了，他派副帅王权到淮西寿春防守。王权是个贪生怕死的人，还没见到金军的人影，早已闻风逃奔，直到采石才停下来。

宋高宗听到王权兵败，就将王权撤了职，另派李显忠代替王权的职务，并且派宰相叶义问去视察江淮防务。

叶义问也是个胆小鬼，他自己不敢上前线，派一个叫虞允（yú yǔn）文的**中书舍人**（文官名）去慰劳采石的宋军将士。

虞允文到了采石，王权已被撤职，接替他职务的李显忠却还没到。对岸的金军正准备渡江，宋军没有主将，到处**人心惶惶**（人们心中惊惶不安），秩序混乱。

虞允文非常吃惊，立刻把将士召集起来，对他们说："我是奉朝廷命令到这里劳军的。你们只要为国家立功，我一定报告朝廷，论功行赏。"

大伙儿见虞允文出来做主，都来了精神。他们说："我们恨透了金人，现在既然有您做主，我们愿意拼命作战。"

虞允文是个书生，从来没有指挥过打仗，但是爱国的责任心使他鼓起勇气。他立刻命令步兵、骑兵都整好队伍，排好阵势。

宋军刚刚布置停当，金军就开始渡江了。几百艘大船迎着风，满载着金军向南岸驶来。不久，金军便开始陆续登岸。

虞允文命令部将时俊率领步兵出击。时俊挥舞着双刀，带头冲入敌阵。士兵们士气高涨，奋勇冲杀。金军进军以来，从来没有遭到过这样顽强的抵抗，还没有适应这样的敌手，很快败下阵来。

宋军在采石大胜后，主将李显忠才带兵到达，李显忠了解了虞允文指挥作战的情况，非常钦佩。虞允文对李显忠说："敌人在采石失败之后，一定会到扬州去渡江。镇江那边没准备，我打算到那边看看。"

镇江的守将是老将刘锜——此时已病得不能起床了。虞允文安慰了他一阵，就来到军营，命令水军在江边训练。在他的布置下，宋军制造了一批车船，在江边的金山周围来回巡逻。北岸的金军看了，赶快报告完颜亮。完颜亮不信，还把报告的人打了一顿板子。

金军将士无法容忍完颜亮的残暴，还没等完颜亮发出渡江命令，当天夜里就涌进完颜亮的大营，杀死了他。不久，金军就撤退了。

赵扩：我不想当皇帝

故事主角：嘉王赵扩

故事配角：赵汝愚、太皇太后吴氏、韩侂胄等

发生时间：1194 年

故事起因：因宋光宗患有精神疾病，大臣们决定让嘉王赵扩即位

故事结局：在太皇太后吴氏和大臣们的逼迫下，赵扩只能登上皇位

古来皇帝登基，都是披黄袍、坐龙椅，接受众人的跪拜，一呼百应，好不威风。但获得帝位的方式却多种多样：有的人按照遗诏，稳稳当当地登上宝座；有的凭真本事打出一番天地，自立为帝；有的则使出各种手段，把皇位抢到手；然而也有不情愿，被强行抬上皇位的。这个人就是南宋第四位皇帝——宋宁宗赵扩。

赵扩的父亲宋光宗即位的第二年，就患上了精神疾

病,整天疯疯癫癫的。大臣们又急又怕,皇帝疯了可咋办?后来,大臣赵汝愚和其他大臣们一商量,决定请太皇太后吴氏出面主持内禅(君主将君位禅让给其家族里的人),让嘉王赵扩尽快即位,太皇太后也当即同意了。

万事俱备,只欠东风。公元 1194 年 7 月的一天,颇富戏剧性的一幕上演了:这一天,太皇太后吴氏在内宫主持内禅大典,宣布皇子赵扩即皇帝位,尊宋光宗为太上皇。

赵扩一听就吓蒙了,口中喃喃念道:"做不得,做不得!恐怕会背负不孝的罪名。"赵汝愚说:"天子应当以安定社稷、国家为孝,如今朝廷内外有些混乱,万一发生意外变故,置太上皇于何地?"看赵汝愚要将黄袍披到自己身上,赵扩极力躲闪,并绕着内宫奔逃,赵汝愚只能追赶,两个人就在宫内绕起了圈圈。

吴氏又气又急,看赵扩如此不争气的模样,已是老泪纵横。她气急败坏地命左右将黄袍拿来,要亲自替赵扩穿上。赵扩又想逃跑,但见太皇太后心意已决,无奈只得穿上黄袍,叩谢太皇太后,直到最后还喃喃说着"使不得",一副失魂落魄的模样。

赵扩被韩侂胄（tuō zhòu）拉上了朝堂，赵汝愚见大势已定，欣喜不已，率领众臣跪倒在地，高呼万岁。就这样，赵扩在不知所以的情况下仓促即位了，是为宋宁宗。

真天子反成叛国贼

故事主角： 赵竑

故事配角： 宋理宗、潘壬、潘丙、潘甫、李全、余天锡等

发生时间： 公元 1224 年—公元 1225 年

故事起因： 潘氏兄弟逼迫赵竑为帝，赵竑担心自身难保，便灭了潘氏兄弟，以撇清自己的嫌疑

故事结局： 宋理宗和史弥远逼死赵竑，一朝真天子，反成叛国贼

公元 1224 年 9 月，宋宁宗死后，赵昀（yún）稀里糊涂地被权臣史弥远拥立为帝，是为宋理宗。而本该当皇帝的赵竑（hóng），做梦也没想到，皇位竟被抢走了，自己只能沦落为济王，他感到极为憋屈和耻辱。

赵竑到了湖州后，当地的潘壬（rén）、潘丙兄弟及堂兄潘甫，对史弥远废赵竑的举动很愤慨，这三个"大胆儿"就密谋发动政变，拥立赵竑为帝。

单凭自己的力量是不行的，潘壬三兄弟派人与山东

"忠义军"首领李全联系，约他共同起兵。李全对帮人抢皇位不感兴趣，也许是看赵竑有治国之才，就表面上答应了，并约好了起兵的日期和地点。

到了约好的时间，李全却爽约了，潘氏三兄弟感觉不妙，只得假冒李全军队起事。他们随机聚集了一些渔民、盐贩和湖州的巡尉兵卒，共约百人，以单薄之力起兵。

公元1225年正月初九，潘氏三兄弟率领着寥寥百人，打着"忠义军"的旗号夜闯济王府，声称要拥立赵竑为帝。赵竑有些发懵，心想这简直就是胡闹，慌忙躲进了一个水洞，但是潘氏三兄弟很快就找到了躲藏的赵竑。

潘氏兄弟强行将赵竑拥入州衙，逼迫他穿上黄袍。赵竑大哭，极力闪躲，但潘氏以武力胁迫，赵竑只得穿上。赵竑看潘氏一群人如此执着，只得和他们约定：不能伤害杨太后及宋理宗。得到允诺之后，赵竑称帝。

第二天天亮，赵竑彻底后悔了，他发现拥立自己称帝的，不过是一些当地的渔民、兵卒，人数还少得可怜，根本不值一提。他害怕朝廷将自己当成叛徒。他看着这群人，知道难成大事，便剑锋一转，指向了这些拥立自己为帝的人。他一面派人去临安向朝廷告发，以撇清自己的嫌疑；一面亲自率领州兵讨伐、追捕潘壬等人。

史弥远得到情报后，立即调军前来镇压，不过当军队抵达时，叛乱早已被平息。潘丙、潘甫被杀，潘壬脱逃至楚州被捕，被押到临安处死，一场称帝的闹剧收场了。

尽管赵竑镇压了叛乱，但宋理宗和史弥远还是受到了震动，他们觉得只要赵竑活着，就算他自己不敢谋权

篡位，也难免别人利用赵竑作乱，于是决定斩草除根。

　　史弥远假称济王赵竑有病，命亲信余天锡前往湖州为其诊治。余天锡宣称朝令，逼迫赵竑自杀，对外则称他因病而死。后来史弥远挑唆宋理宗，剥夺了赵竑的王爵，将他打为谋权篡位的罪人。一朝真天子，竟然反成叛国贼。

嘿，十八年后，又是一条好汉。

醒木一响，评书开场！
品茶听书，为你讲述有滋有味的宋元传奇；
真真假假，权且当茶余饭后的谈资……
今天，我要给大家讲的是——虫王的故事！

虫王的故事

刘锜是南宋名将，曾在战场上取得赫赫战功。后来，刘锜遭到了奸相秦桧排挤，到地方上做了一个小官。

农夫们正在田里耕种，忽然听见头顶上传来嗡嗡的响声，抬头一看，只见一团黑雾向田间飞来。

原来，这团黑雾是蝗虫。老百姓赶忙跑到刘锜的府衙报告这事。刘锜听见外面乱哄哄的，赶忙出来，只见院子里站满了老百姓。他问身边的衙（yá）役出了什么事情。衙役说："不知道哪里来的蝗虫，把庄稼吃掉了。"

刘锜一听急了，这粮食是农民的命根子，如果没有粮食吃，百姓岂不是要挨饿了。于是，他带着身边的衙役上田间观察。只见漫天飞舞着蝗虫，农作物上落着蝗虫，它们正不停地啃噬（shì；咬，吞）庄稼。

　　刘锜回到县衙，把百姓都召集了起来，说："现在蝗虫泛滥，我们只有团结起来，才能消灭蝗虫。你们带上防护工具，和我到田间去抓蝗虫。"

　　说完，刘锜带着全城的百姓到田间去抓蝗虫。可是，蝗虫越抓越多。刘锜犯起愁来，这可怎么办啊？这时，一个手下人说："大人，我们可以用火烧死这些害虫。"

　　刘锜一听，马上让人准备火把。他举着火把来到田间，用烟去熏这些害虫，不一会儿，就烧死了一大片。

　　刘锜看这个方法可用，就让老百姓拿着火把烧蝗虫。可人是需要休息的，不能总是举着火把。刘锜就命人在田间支起几口大油锅，将锅里的油点燃，顿时火光冲天，把天空中飞着的蝗虫都烤了下来。

　　就这样，刘锜带领着百姓消灭了蝗虫。

　　相传农历正月十三是虫王刘猛将军的诞辰。这一天，官府要正式祭祀，百姓要举行迎神大会，表达丰收的期望。

第 **8** 章
繁华一梦终有尽

有言在先

　　当蒙古人建立了蒙古汗国后，成吉思汗和其子孙们不断攻打金国，南宋王朝也对"老冤家"落井下石，在蒙古汗国和南宋的双重夹击下，金国彻底灭亡。从此，蒙古汗国和南宋开始了长达几十年的战争。蒙古军队不断南下，攻城略地，而南宋王朝日渐虚弱，岌岌可危。在崖山海战中，当忠臣陆秀夫背着宋末帝赵昺跳海的一刹那，昔日繁华的大宋王朝彻底覆灭。

蒙宋联手灭金国

故事主角：成吉思汗、窝阔台

故事配角：木华黎、孟珙、江海、金哀宗等

发生时间：公元 1206 年—公元 1234 年

故事起因：蒙古汗国与金国断交后，发动了一系列攻打金国的战争

故事结局：金国在蒙古汗国和南宋的联合攻击之下，终告灭亡

公元 1234 年，蒙古汗国和南宋唱了一出"双簧（huáng）"，将曾经不可一世的金国灭了。南宋报了不共戴天之仇，上到朝廷、下到百姓，无不拍手称快。而蒙古汗国把金国给灭了，这又是怎么回事呢？

原来这金国不仅欺辱南宋，还与蒙古汗国有着血仇，成吉思汗的祖先俺巴孩，就是被塔塔儿人骗到金国杀害的，这等血海深仇岂能放下？

俗话说："君子报仇，十年不晚。"1206年，成吉思汗在斡（wò）难河建立了强大的蒙古汗国。四年后，铁木真正式宣布与金国断交，蒙古汗国从此开始了对金国的复仇战争。

1211年2月，成吉思汗亲率大军首次进攻金国，并在野狐岭击败40万金军，随后蒙古军队反复进攻金国的地盘，金国被打得一点脾气都没有。

1217年8月，成吉思汗封木华黎为太师兼国王，负责征伐金国的一切事务。经过将近十年大大小小的征战，蒙古军队基本占领了黄河以北的所有金国领土。金国从此一蹶不振，不复当年打败天下无敌手的豪横。

1227年7月，成吉思汗病死前，给第三子窝阔台留下话："要灭亡金国，就要向宋朝借路。"窝阔台始终记着父亲的话，他继承汗位后，开始向南宋借路，持续进攻金国。经过三峰山之战，金国军队主力损失殆尽，元气大伤。随着开封城被攻破，金哀宗逃到了蔡州。

趁你虚，要你命。看金国还剩最后一口气，南宋开始按捺（nà）不住了。此时不报仇，更待何时？南宋军奔着报仇和"和蒙"的目的，最终与蒙古汗国达成合力灭金的协定。

公元 1233 年 10 月，南宋朝廷下达了出兵的命令，派孟珙（gǒng）、江海率忠义军两万，并运粮 30 万石北上，抵达蔡州城下与蒙军会师。

公元 1234 年，宋蒙联军攻破了金国最后的据点蔡州城，金哀宗自杀身亡，金国灭亡。

贾似道害了大宋国

故事主角：贾似道

故事配角：宋理宗、宋度宗、忽必烈、刘整、阿术、伯颜等

发生时间：公元 1258 年—公元 1276 年

故事起因：蒙古汗国的军队攻宋，贾似道私定求和协议，骗了宋理宗

故事结局：忽必烈再次大举进攻南宋，贾似道大败而逃，南宋形势危急

　　蒙古汗国、南宋联合灭金以后，南宋急不可耐地出兵北上，想收复开封、河南一带的土地，结果捅了天大的娄子。蒙古汗国便借口南宋破坏协议，向南宋发起猛烈进攻。

　　1258 年，蒙哥分三路进兵攻打南宋。他亲率主力进攻合州（今重庆合川），忽必烈攻打鄂（è）州（今湖北鄂州），兀良合台攻打潭州（今湖南长沙），三路大军直指临安。

坏消息一个接一个送到临安，南宋朝廷震动了。宋理宗命令各路宋军援救鄂州；又任命丞相贾似道去汉阳督战。

贾似道本是个不学无术的人，只因为姐姐是宋理宗的贵妃，才得以混迹官场并连续晋升。这一回，宋理宗派他上汉阳前线督战，怕死的他只好硬着头皮去了。

忽必烈攻城越来越猛。贾似道眼看形势紧张，就偷偷地派人到蒙古汗国大营去求和，并许诺只要蒙古汗国退兵，宋朝就愿意称臣，进贡银、绢。正巧这时候，忽必烈接到密信，说蒙古汗国一些贵族正准备立他的弟弟阿里不哥做大汗。忽必烈见自家后院起火，就答应了贾似道的请求，并订下了秘密协定，火急火燎地赶回去争汗位了。

贾似道回到临安，瞒着私自订立和约的事，还不断吹嘘，往自己脸上贴金，说各路宋军大获全胜，把长江一带的敌人全部肃清了。

宋理宗听了谎言，认为贾似道立了大功，就给他加官晋爵。贾似道进一步掌握了大权，开始一手遮天。

忽必烈打败了阿里不哥，于1271年称帝，改国号为元，是为元世祖。为了找个出兵理由，元世祖借口南宋不履行和约，派大将刘整、阿术出兵进攻襄阳，把襄阳城整整围了五年。

在这期间，贾似道担心私订和约的事露馅，就把前线来的消息一一封锁起来，不让宋度宗（公元1264年即位）知道。有个官员向宋度宗上奏章告急，奏章落在贾似道手里，那个官员马上被革职了。最终，襄阳被元兵攻破。

元世祖见南宋竟有贾似道这样的败类，可见南宋已经腐败透顶了，便决定一鼓作气消灭南宋。他派伯颜率领20万元军，分兵两路，一路从西面攻鄂州，另一路从东面攻扬州。

屋漏偏逢连夜雨。就在这时候，宋度宗病死了，贾似道拥立一个四岁的幼儿赵㬎（xiǎn）做了皇帝，自己俨然成为了"太上皇"。

公元1276年，伯颜攻下鄂州后，沿江东下，直指临安。贾似道一面带领七万宋军驻守芜湖，一面玩起了老把戏：派使臣到元营求和。伯颜拒绝议和，命令元军在长江两岸同时进攻，宋军全线溃败，吓破了胆的贾似道，一路逃回了扬州。

南宋，亡国不亡骨气

故事主角：陆秀夫、张世杰

故事配角：赵㬎、赵昺、陈宜中、董文炳、张弘范、李恒等

发生时间：公元 1276 年—公元 1279 年

故事起因：大臣张世杰誓不降元，并在崖山与元军海战

故事结局：陆秀夫背着赵昺跳海殉国，张世杰落水牺牲，
南宋灭亡

公元 1276 年，元军攻占南宋都城临安，南宋大臣陆秀夫护送八岁的赵㬎（shì）和六岁的赵昺（bǐng）逃到福州。国不可一日无君，大臣陆秀夫、张世杰和陈宜中一商量，便拥立赵㬎即位。

然而，这个小皇帝的命运注定是悲惨的。元大将董文炳（bǐng）率兵攻进福建，赵㬎在大臣们的护送下，一路辗转逃亡。不幸的是，赵㬎在逃亡的路上被元军袭击，因惊吓过度而病倒，第二年就死去了。

赵㬎死后，张世杰又拥立赵昺即位。公元 1278 年 6

月，张世杰带着赵昺撤到了崖山（今广东新会），开始构建工事，企图凭借险要地形久守。

元世祖下了死命令，要迅速扑灭南方的小朝廷，就派张弘范为元帅、李恒为副帅，带领两万精兵，分水陆两路南下。

崖山背山面海，地势十分险要。为抵御元军进攻，张世杰把1000多条战船一字排开，用绳索连接起来，船的四周还筑起城楼，决心跟元军死战。

张弘范最先用火攻，可是没有效果。张弘范一来气，就用船队封锁海口，断绝了张世杰通往外界的命脉。宋军忍饥挨饿，誓死抵抗，双方打了个平手。这时候，元军副统帅李恒从广州赶到了崖山，元军立马有了底气。

张弘范把元军分为四路，从不同方向围攻宋军。张世杰知道大势已去，急忙把精兵集中在中军，又派人驾驶小船去接赵昺，准备组织突围。

赵昺的坐船由陆秀夫保护，他对张世杰派来接赵昺的小船弄不清是真是假，担心小皇帝落在元军手中，就拒绝了使者的要求。他对赵昺说："国家到了这步田地，陛下也只好以身殉（xùn；为了某种目的而牺牲生命）国了。"刚说完，陆秀夫就背着赵昺跳进了大海，淹没在滚滚的波涛里。

张世杰没接到赵昺，便指挥战船趁着夜色突围，打算撤退到海陵山。这时候，海上又刮起了大风，把张世杰的船打沉了，这位誓死抵抗的宋将落水牺牲。南宋的最后一支军队覆没，宋朝彻底灭亡。

1279年2月，元朝统一了中国。

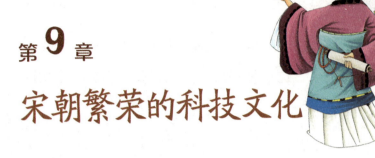

第9章

宋朝繁荣的科技文化

有言在先

　　宋代统治者以仁治天下，宽松的政治氛围，使宋代成为一个人才辈出、群星荟萃的朝代，欧阳修、范仲淹、王安石、苏东坡、朱熹、岳飞、李清照、辛弃疾等一大批光彩夺目的人物纷纷出现。这一时期，宋词异彩纷呈，走上了巅峰；书画艺术异军突起，成为一种新的风尚；印刷术继往开来，得到了空前的发展突破；儒家思想得到持续兴起……宋朝，真正成为历史上少有的文化艺术殿堂。

一首词，引发了一场战争

名人名家：柳永

文学体裁：宋词

文学成就：柳永是第一位对宋词进行全面革新的词人，也是两宋词坛上创用词调最多的词人

　　宋词是宋代文学世界中的一朵奇葩，代表着宋代文学的最高成就。宋朝时，涌现出了欧阳修、范仲淹、苏轼、柳永、李清照、陆游、辛弃疾等众多词人，他们也成为当时红遍国内的文学"大咖"。

　　但有一个人很特别，名不见正传，却在野史中颇为活跃，这个人就是柳永。柳永年轻时雄心勃勃，也想考取功名，做个大官，但是几次参加科举都未高中。柳永

125

很是郁闷，头脑一热，就把埋怨情绪写进了词里。其词作《鹤冲天·黄金榜上》有这样的词句："忍把浮名，换了浅斟低唱。"意思是，你们算什么，我自是白衣卿相，索性不要了这浮名，从此浅斟低唱！殊不知，这首词传到了宋仁宗那里，他从此记住了这个"狂妄"的年轻人。

公元1024年，柳永终于在科考中得偿所愿——榜上有名。但当名单到了宋仁宗手里，他在名册上看到"柳永"二字时，顿时火起，抹去了柳永的名字，在旁批道："且去浅斟低唱，何要浮名？"柳永的科举之路，从此被堵死。

后来，柳永写了一首《望海潮》。他以生动的笔墨、饱蘸激情而又带有夸张的笔调，寥寥数语，便将迷人的西湖与钱塘胜景写得美不胜收。

然而，谁也没想到的是，因为这首词，还引来了百年后的一场战争。公元1161年，金国皇帝完颜亮看了这首词以后，便羡慕钱塘的繁华，不免心潮澎湃，对南宋心生向往，很快带领60万大军挥师南下。于是，由一首词引发的大战爆发了。

活字印刷，让"字"活起来

名人名家：毕昇

技术发明：活字印刷术

社会影响：活字印刷术的发明和使用，大大推动了印刷业的发展

北宋时，有一个布衣发明家毕昇（shēng）。他本是印刷作坊的工人，平时的工作就是刻版、排版和印刷，但既费力又不省时，于是他就想：如何才能提高版块的利用率，提高印刷的效率呢？

毕昇把这个想法对伙计们说了，大家觉得毕昇有些异想天开。一个伙计对他说："毕兄，你的想法是好的，可毕竟雕版已经用了好几百年了，怎么可能说改进就改进，你还是别操这份心了。"

毕昇觉得只要动脑，一定就能实现改进的目的。他平时也苦苦思考着排版印刷的方法。

一天，孩子们过家家玩起了泥巴，制作出各种各样的生活物品。毕昇由此受到了启发：何不用泥巴做成泥块，刻上字，然后烧干排在一起，不就能排文章了吗？

想到这里，毕昇立马动手。刚开始，由于泥太软，刻上的字深浅不一，根本不能用。于是，他就先把泥块晒干再刻字，可是一旦用力太大，泥块就碎掉了。妻子看见了，笑着说："你为什么不等泥块半干半湿的时候刻字呢？"毕昇一听，恍然大悟。

活字印刷术很快就试验成功了，当毕昇把这个消息告诉伙计们时，大家都感到不可思议。大家很快找来了文章，结果印刷速度提升了几十倍。大家都对毕昇啧啧称奇（咂着嘴称赞它的奇妙）。

活字印刷术的发明和使用，不仅大大推动了中国印刷业的发展，而且对世界文明的发展产生了巨大的影响。从 13 世纪开始，活字印刷术开始由中国传入朝鲜等地，后来又经由丝绸之路传入波斯，再传入埃及和欧洲。活字印刷术的发明，促进了人类文化知识的广泛传播和交流，大大推动了世界文明的发展。

传世名画《清明上河图》

名人名家：张择端

艺术作品：《清明上河图》

艺术成就：中国十大传世名画之一，是举世闻名的现实主义风俗画卷

在宋朝的绘画史上，出现了一幅传世极品，这就是北宋画家张择端的风俗画《清明上河图》。

在《清时上河图》的背后，还有这样一个故事。那是一个清明时节，在北宋的都城东京，农人开始在田间劳作，货运贩子往返于路上，林立的商铺开张，街路上的车马、南来北往的人们川流不息，处处呈现繁华热闹的景象。

在人群中，有一个人左顾右盼，观察着来往的人们、牲畜、马车、船只等，他不是商贩走卒，也不是赶集的人，他就是以卖画为生的张择端——后来到宫廷画院任职，

是北宋大名鼎鼎的画家。张择端每天都深入郊区、街巷和汴河岸头，观察北宋的民俗民情，为绘画准备了大量素材。

为了画成此画，张择端不畏风寒酷暑，不分昼夜地创作，多年笔耕不缀，终于完成了这幅举世闻名的《清明上河图》。当画作呈给宋徽宗时，宋徽宗合不拢嘴，不住发出赞叹声。宋徽宗对《清明上河图》爱不释手，还在画的卷首题写了"清明上河图"五个字。

《清明上河图》长528.7厘米、宽24.8厘米。此画主要展现了北宋东京热闹繁荣的景象和市民的生活状况，全画大致分为东京郊外春光、汴河场景、城内街市三部分。

在画中，原野、河流、城郭和谐地成为一体，画中有仕、农、商、医、卜、僧、道、胥（xū）吏、妇女、儿童、缆（lǎn）夫等人物及驴、牛、骆驼等牲畜。有赶集、买卖、闲逛、饮酒、聚谈、推舟、拉车、乘轿、骑马等情节。画中大街小巷，店铺林立，酒店、茶馆、点心铺等应有尽有，还有城楼、河港、桥梁、货船、官府宅第和茅棚村舍等。

关于《清明上河图》的人与物，有人专门做了统计，据说有500多位人物，各种牲畜60多只，船只20多艘，房屋楼阁 30 多栋，推车、乘轿也有 20 多乘。如此丰富多彩的内容，在历代古画中极为罕见。《清明上河图》在中国乃至世界绘画史上被奉为经典之作。

书画皇帝宋徽宗

名人名家：宋徽宗

艺术主题：书法（瘦金体）、绘画、收藏等

艺术成就：推动了宋代书画艺术的发展，宋代文化艺术迎来新高峰

　　如果用"爱书如命"来形容宋徽宗，一点都不为过。靖康之变时，听说金人到处抢掠金银财宝，宋徽宗丝毫不惋惜；听说自己的宠妃被掠走，宋徽宗依然镇定；但是听说自己收藏的书画被金人洗劫时，他的心里彻底崩溃了，他感到痛彻心扉，生不如死。

　　常言道："人如其字，字如其人。"但在宋徽宗这里就不灵了。他自创的"瘦金体"，在北宋独步一时。其书法运笔飘忽快捷，笔势如金石一般瘦劲而透显骨气。但作为皇帝，他又是极度窝囊和没有骨气的，与其书法风格形成了鲜明的对比。

据说，宋徽宗的书法作品广受朝野的喜爱，每个人都以得到其作品为荣。有一天，宋徽宗驾临秘书省，一高兴，就决定赐每人一幅书法作品，结果臣子们蜂拥而上，互相撕扯，像打群架似的你争我夺，很是狼狈。看到这一幕，宋徽宗在一旁不禁骄傲起来，哈哈大笑。

　　除了书法家的身份，宋徽宗还是一位大画家。他在艺术方面非常全面，人物、山水、花鸟等皆精通，尤以花鸟画成就最高。他名下传藏至今的书画作品约有 30 余件，如《桃鸠（jiū）图》《腊梅双禽图》《梅花绣眼图》《枇杷（pí pá）山鸟图》等。

　　凭着帝王的权威，宋徽宗收集的奇珍异宝不计其数，尤其是书画，件件均为精品。书法中有晋朝二王的《破羌帖》《洛神赋帖》，还有不少唐代名家的墨宝，仅颜真卿的真迹就有 800 多幅。张择端的《清明上河图》，就完成于宋徽宗时期，宋徽宗也是这幅名画的第一个收藏者。

第 10 章

元朝的那些事儿

有言在先

　　一代雄主成吉思汗去世后，一开始他的子孙们很争气，不仅统一了中国，也使元朝的版图横跨欧亚。举世闻名的元大都，也成为当时的世界性大城市。但到了元中期后，元朝内部开始不消停了，成吉思汗的子孙们为了皇位，展开了争夺，为此还出现了"一个皇帝，四个年号"的情况，皇帝也一时成了高危职业。随着后期政治腐败，权臣干政，农民起义也呈星火燎原之势。大元王朝在农民起义的洪流中，轰然倒下。

两征日本遇"神风"

故事主角： 忽必烈

故事配角： 忻都、洪茶丘、杜世忠等

发生时间： 公元 1274 年—公元 1281 年

故事起因： 日本拒绝成为蒙古汗国的藩属国，忽必烈决定
征伐日本

故事结局： 蒙古汗国两次攻伐日本，都因遇上台风而失败

　　元世祖忽必烈成为大汗后，有人告诉他，在东方的
大海上有个岛国日本，那里有壮丽的富士山，也有美丽
的樱花。元世祖一听，心花怒放，有了征服日本的雄心。

　　蒙古汗国在征服高丽（gāo lí；朝鲜半岛古代国家之
一）后，开始把目光瞄向隔海相望的日本，希望通过遣
使通好，使日本能跟高丽一样，成为蒙古汗国的藩属。

但这时的日本国却软硬不吃，一副"你能奈我何"的样子。日本的镰（lián）仓幕府硬气地认为"国书内容十分无礼，不必回书"，对蒙古汗国使者送来的国书，采取了置之不理的态度。

元世祖听了使者的回报，怒气顿生，决定给这个小岛国一点颜色看看。

1274 年，忽必烈命令戍守高丽的凤州经略使忻（xīn）都、高丽军民总管洪荼丘率兵 15 000 人，大小战船 900 多艘出征日本。刚开始，元军接连取得胜利，日军被打得抱头鼠窜。但人算不如天算，正打得火热之际，莫名刮起了巨大的台风，元军数百艘船受损严重，很多士兵落水而死。一看形势不利，元军只得仓促撤回。

遭遇第一次失败，忽必烈心有不甘，1275 年 2 月，忽必烈派礼部侍郎杜世忠等出使日本，要求日本无条件归附。谁成想杜世忠等一到日本，就被镰仓幕府处死了。

是可忍，孰不可忍。1281 年，国内局势稳定后，忽必烈命令元军兵分两路远征日本，结果刚登陆不久，又赶上了超强台风。元军这次损失更大，战船损毁严重，士兵们死的死、伤的伤，日军趁机反攻，元军败退。

忽必烈两征日本，两次赶上台风作乱，忽必烈觉得这是天意，于是放弃了再次对日本出兵的打算。

睡梦中被秒杀的皇帝

故事主角： 元英宗硕德八剌

故事配角： 铁失、拜住、也先帖木儿、也孙铁木儿等

发生时间： 公元 1322 年—公元 1323 年

故事起因： 元英宗推行新政，触犯了蒙古、色目贵族的利益

故事结局： 在御史大夫铁失的密谋下，元英宗硕德八剌死于非命

公元 1322 年 8 月，呼风唤雨的权臣铁木迭（dié）儿死去。元英宗硕德八剌（là）一直紧绷的心顿时轻松了不少，他决定推进新政，将权力牢牢抓在自己手里。

想法是好的，但现实是残忍的。新政触犯了大多数保守的蒙古、色目贵族的利益，把他们惹恼了。他们不仅对新政进行抵制，还怨恨起了元英宗。这其中尤以铁木迭儿余党、御史大夫铁失为代表。

铁失特别贪婪，还总爱耍心眼。在铁木迭儿权倾朝野的时候，曾拜其为义父——找到了一棵乘凉的大树。

正是由于铁木迭儿的提拔，铁失走得顺风顺水，后来还掌握了中央禁军，成了军队高级将领。

铁木迭儿死后，元英宗开始秋后算账，追查铁木迭儿及其党羽的贪污罪行，先后罢免和杀了一批贪官污吏。这引起铁失等人的极大不满和恐惧，他们担心自己摊上祸事。铁失对同党也先帖木儿等人说："既然皇上要赶尽杀绝，我们得早做打算。"大家一合计，就决定干一件惊天的大事。

公元 1323 年 7 月，元英宗和右丞相拜柱准备从上都返回大都，铁失等人逮到了下手的机会。铁失对同党说："这次是我们下手的最好机会，我打算半路下手。"也先帖木儿说道："要我看，最好的地点就是南坡店。"一伙人纷纷表示赞同。

8 月，元英宗的车驾一路向南，此时天气异常炎热，铁失等人便故意拖延行进速度，等到夜色降临时，大军正好来到距离上都 30 里的南坡店，当即决定在此驻扎。

深夜，趁元英宗熟睡之时，铁失与也先帖木儿等 16 人手持凶器，以卫兵为内应，闯入元英宗的大帐，一顿猛刺猛砍，先杀了右丞相拜住，然后铁失亲手弑（shì）

杀元英宗于床上。年仅21岁的元英宗被刺杀于睡梦中。这件事，在历史上被称为"南坡之变"。

元英宗死后，晋王也孙铁木儿在龙居河（今克鲁伦河）即位，是为元泰定帝。泰定帝即位后，迅速斩杀了谋弑元英宗的铁失等人。

最"不给面子"的大臣

故事主角：不忽木

故事配角：元成宗、西域僧人、完泽、太后等

发生时间：公元 1295 年—公元 1300 年

故事起因：针对元成宗的错误行为，大臣不忽木多次直言
劝谏

故事结局：不忽木不仅做事正直、一心为国，而且特别清廉

公元 1295 年，铁穆耳当了皇帝，是为元成宗。他当上皇帝后，经常用西域僧人做佛事。这些僧人仗着有皇帝撑腰，经常做些违法乱纪的事。他们还对元成宗说，只要每次放些罪犯，就能够增加福分。很多犯人家属就开始贿赂这些西域僧人，于是大批的犯人因此而成为"自由人"。

不忽木是一个直言敢谏的正直大臣，在朝廷中很有威望。他知道了这件事后，觉得实在太荒唐，就对元成

宗说："惩恶扬善，是国家立足的根本，怎么能因为他们的一句话，犯法的人就可以逃脱惩罚呢？"元成宗一时语塞，感到很没面子。

事后，元成宗责怪起丞相完泽来，说"我之前就说，不要让不忽木知道这件事，现在他竟然知道了，让我很是下不来台"；还让人对不忽木说"爱卿别说了！现在我都听你的"。可实际上，元成宗心里很是不服。

有个仆人把自己的主子给告发了，主子获罪而被砍，元成宗脑瓜子一热，就把他主人的官职授给了他。不忽木听说后，对元成宗说："奴隶取代主子，这败坏了国家的风俗，民情越发薄淡，就没有上下之分了。"成宗没办法，只好追废了诏令。

有官员看不惯不忽木，觉得他管闲事太多，就对元成宗说将不忽木调出都城。元成宗也觉得不忽木每天太唠叨，有些受不了，就默认了。

太后劝阻元成宗说："不忽木是真心为朝廷的正直大臣，所以先皇才让他辅佐你，怎么能将他调出都城呢？"元成宗只好又留下他。

不忽木作为皇帝近臣，不仅直言敢谏，执法公正，而且政治廉洁，生活俭朴。公元 1300 年，不忽木死去，却因为家贫而无法下葬。元成宗赐钱五百锭（dìng；量词，用于成锭的东西），他的丧事才得以办理。

皇上，治国必须赏罚分明。

这首童谣很致命

故事主角：韩山童、刘福通

故事配角：妥懽帖睦尔、韩林儿、朱元璋等

发生时间：公元 1351 年—公元 1368 年

故事起因：因元末的残暴统治，爆发了韩山童、刘福通等领导的红巾军起义

故事结局：处于南北红巾军之间的朱元璋，趁势而起，灭掉了元朝

妥懽（huān）帖睦尔（元顺帝）即位后，统治残暴，百姓纷纷起来造反。

河北有个叫韩山童的农民，聚集了不少受苦受难的百姓，烧香拜佛，后来慢慢发展成了白莲会。韩山童对他们说："佛祖见天下大乱，将要派弥勒佛下凡，拯救百姓。"

公元 1351 年，黄河在白茅堤决口。元朝征发 15 万民工和两万兵士，到黄陵冈开挖河道，疏通河水。

韩山童决定利用这个机会起事。他先派几百个人去做民工，在工地上传播一支民谣："石人一只眼，挑动黄河天下反。"

民工们不懂这首歌谣是什么意思，等开河开到了黄陵冈，有几个民工忽然挖出一个一只眼的石人来。大家一瞧，都禁不住傻眼了。这件事很快在民工中传开，民谣说的真的应验了，天下造反的日子来到了。

这个石人是韩山童事先埋在那里的。此刻，百姓被鼓动起来了。韩山童挑选了一个日子，聚集起一批人，杀了一匹白马、一头黑牛祭告天地。大家推举韩山童做领袖，号称"明王"，并约定日子起义，起义军用红巾裹头作为标记。然而有人走漏了消息，官府抓走了韩山童，将其押到县衙杀了。韩山童的妻子带着儿子韩林儿，逃脱了官府的追捕。

韩山童的伙伴刘福通逃出包围，把约定起义的农民召集起来，攻占了颍州等地。在黄陵冈开河的民工得到消息，也杀死了河官，纷纷投奔刘福通。起义军头上裹着红巾，历史上称做"红巾军"。不到10天工夫，红巾军发展到了10多万人。江淮一带的农民受到影响，也纷纷响应刘福通起义。

公元 1358 年，刘福通攻陷汴梁（宋朝至明朝初期对于开封的称呼）后，分三路向元进兵，发动总攻。刘福通攻占了汴梁后，把小明王韩林儿接来，定汴梁为都城。

元朝不甘心失败，纠集地主武装加紧镇压红巾军，致使三路红巾军先后失利，汴梁重新落在元军手里。刘福通保着小明王逃到安丰（今安徽寿县）后，刘福通战死。北方红巾军失败后，南方红巾军还在活动。

处于南北红巾军之间的朱元璋，趁势而起，一顿操作猛如虎，自 1356 年占领集庆后，先后削平了陈友谅、张士诚、明玉珍等势力，势力扩张到苏南、浙江、安徽一带。1366 年，朱元璋命令廖（liào）永忠迎韩林儿至应天府，途中韩林儿落水淹死。

最后，朱元璋命令大将徐达挥师北上，推翻了元朝统治，于 1368 年建立了明朝。

醒木一响，评书开场！

品茶听书，为你讲述有滋有味的宋元传奇；

真真假假，权且当茶余饭后的谈资……

今天，我要给大家讲的是——成吉思汗的陵寝之谜！

成吉思汗的陵寝之谜

成吉思汗的一生充满传奇色彩。他的遗骨究竟葬于何处，到现在为止还不能确定，这也成为一个千古之谜。

其中的一种说法是：成吉思汗死在西夏灵州的军中，陵墓安放在了鄂尔多斯草原上。

700多年前，成吉思汗率军西征路过鄂尔多斯草原，看见这里水草丰美，鸟鸣鹿奔，不禁心旷神怡，连马鞭不小心掉落都没有发觉。他的部下把鞭子捡起想要交给他，然而成吉思汗却说："这里是强大王朝存在的地方，树木花草茂盛的地方，把马鞭就放在这儿吧！以后不管我死在什么地方，就按照马鞭放的方向，把我葬在这里。"

　　不幸的是，成吉思汗死在即将攻克西夏都城的紧要关头。为了不动摇军心，骗西夏早日投降，他留下"秘不发丧"的遗嘱，由少数亲信将灵柩（jiù）秘密运到传说中被成吉思汗所赞美过的地方安葬。

　　为了不让外界知道他的死讯，亲信们封锁了所有消息。到了地点后把灵柩深埋，并将墓穴填平，把草仍然覆盖在上面，恢复原来的样子，还让群马在埋葬的地方任意践踏，等第二年青草长起，与茫茫大草原再看不出什么区别，才将军队全部撤走。他们为了让亲族在想祭奠他时能找到埋葬他的地方，就牵来一只驼羔，当着母骆驼的面将驼羔杀死并将血洒在埋葬成吉思汗的那片土地上。骆驼有辨识自己血亲的天性，每逢祭祀时，人们就把那只母骆驼牵来，它徘徊哀鸣的地方就是埋藏成吉思汗的地方。